星栞 HOSHIORI

24年の星占い

・ 蠍座 ・

石井ゆかり

蠍座のあなたへ
2024年のテーマ・モチーフ
解説

··

モチーフ：イヤリング

··

　イヤリングは、鏡を見たり写真を撮ったりしない限り、つけている本人には見えません。服飾品のほとんどがそうですが、特にイヤリングは、相対した相手が自分の顔を見る時に目に入ることを想定してつけるものです。2024年は蠍座の人々にとって、出会いの年であり、愛の関わりの年です。ゆえに「人から見た自分」の像を、普段より強く意識することになるかもしれません。さらに、その人といる時にだけ出てくる新しい自分に出会うことにもなるはずです。

CONTENTS

はじめに

　こんにちは、石井ゆかりです。

　2020年頃からの激動の時代を生きてきて、今、私たちは不思議な状況に置かれているように思われます。というのも、危機感や恐怖感に「慣れてしまった」のではないかと思うのです。人間はおよそどんなことにも慣れてしまいます。ずっと同じ緊張感に晒されれば、耐えられず心身が折れてしまうからです。「慣れ」は、人間が厳しい自然を生き延びるための、最強の戦略なのかもしれませんが、その一方で、最大の弱点とも言えるのではないか、という気がします。どんなに傷つけられ、ないがしろにされても、「闘って傷つくよりは、このままじっとしているほうがよい」と考えてしまうために、幸福を願うことさえできないでいる人が、とてもたくさんいるからです。

　2024年は冥王星という星が、山羊座から水瓶座への移動を完了する時間です。この水瓶座の支配星・天王星は「所有・物質的豊かさ・美・欲」を象徴する牡牛座に位置し、年単位の流れを司る木星と並んでいます。

冥王星は深く巨大な欲、社会を動かす大きな力を象徴する星で、欲望や衝動、支配力と関連づけられています。すなわち、2024年は「欲望が動く年」と言えるのではないかと思うのです。人間の最も大きな欲望は「今より落ちぶれたくない」という欲なのだそうです。本当かどうかわかりませんが、この「欲」が最強である限り、前述のような「慣れ」の世界に閉じこもり続ける選択も仕方がないのかもしれません。

　でも、人間には他にも、様々な欲があります。より美しいものを生み出したいという欲、愛し愛されたいという欲、愛する者を満たしたいという欲、後世により良いものを残したいという欲。「欲」が自分個人の手の中、自分一人の人生を超えてゆくほど大きくなれば、それは「善」と呼ばれるものに近づきます。水瓶座の冥王星は、どこまでもスケールの大きな「欲」を象徴します。世界全体にゆき渡る「欲」を、多くの人が抱き始める年です。

《注釈》

◆ 12星座占いの星座の区分け（「3/21〜4/20」など）は、生まれた年によって、境目が異なります。正確な境目が知りたい方は、P.124〜125の「太陽星座早見表」をご覧下さい。または、下記の各モバイルコンテンツで計算することができます。
インターネットで無料で調べることのできるサイトもたくさんありますので、「太陽星座」などのキーワードで検索してみて下さい。

モバイルサイト【石井ゆかりの星読み】（一部有料）
https://star.cocoloni.jp/（スマートフォンのみ）

◆ 本文中に出てくる、星座の分類は下記の通りです。
火の星座：牡羊座・獅子座・射手座　　　地の星座：牡牛座・乙女座・山羊座
風の星座：双子座・天秤座・水瓶座　　　水の星座：蟹座・蠍座・魚座
活動宮：牡羊座・蟹座・天秤座・山羊座
不動宮：牡牛座・獅子座・蠍座・水瓶座
柔軟宮：双子座・乙女座・射手座・魚座

《参考資料》

・『Solar Fire Gold Ver.9』（ソフトウェア）/ Esoteric Technologies Pty Ltd.
・『増補版　21世紀　占星天文暦』/ 魔女の家BOOKS　ニール・F・マイケルセン
・『アメリカ占星学教科書　第一巻』/ 魔女の家BOOKS　M.D.マーチ、J.マクエバーズ
・国立天文台 暦計算室Webサイト

HOSHIORI

蠍座 2024年の星模様

年間占い

❋ 外部からくる「ターニングポイント」

重要な転機にさしかかります。

この「転機」は、どちらかといえば「外側」からやってきます。まず環境や人間関係に目立った変化が起こり、その変化に「応答」する形で、自分自身で新しい選択を重ねていくことになるようなのです。自分でゼロから何かを仕掛けるというよりは、自分を取り巻く条件が変化し、そこから影響を受ける形で自分の生活が変わり始める、という展開になるのです。

これは、受け身でいれば人生が自然に変わっていくということではありません。むしろ、ガツンと起こった変動に対し「どう受け止めるか」「どう対応するか」を、主体的に考え、決めてゆくことが求められます。選択や決断は、自分でできるのです。決して外部から「人生の選択をムリヤリ押しつけられる」わけではありません。

❄ 「疎」から「密」へ

　特に2024年前半は「出会い」が人生を変えていく時間となっています。公私ともに特別な出会いがあるでしょう。あるいは、既に知っている人々との関係性の変化が起こるのかもしれません。人から強く誘われたり、あるいは誰かの生き方から強い影響を受けたりするところから、何かが始まります。

　2018年頃から今に至るまで、人間関係が一変した、という人もいるでしょう。長く関わってきた人から遠ざかる一方で、新しい人々と知り合いになり、今では数年前とは全く違った人の輪の中に身を置いている人もいるだろうと思います。とはいえ、かつて関わった人々と疎遠になった理由は、諍いや不仲ではなく、引っ越しや転職など、物理的なものだったのではないでしょうか。お互いに忙しくなってなんとなく会わなくなり、その一方で、多忙さの中で共闘している相手とより親密になる、といった変化のプロセスだったのかもしれません。

あるいは、あなた自身がそれまでの人間関係を意識的に「整理」した可能性もあります。誰かに依存されたり、束縛されたり、不均衡な力関係にあったりと、「なぜこの人と付き合っていなければいけないのかわからない」といった状況を、自分自身で解除してきたのかもしれません。一般的に「あまり好きではないけれど、仲良くしなければならない」と思い込み、理不尽な迷惑を被りながらも交友関係を維持し続けている人は少なくありません。そうした関係の無益さに気づき、過去数年の中で距離を置いてきたあなたがいるのかもしれません。

　いずれにせよ、2018年より以前の人との関わり方と、今現在のそれとは、大きく違っているはずです。そうした「整理」のプロセスにより、あなたを取り巻く人間関係はかなりシンプルになっただろうと思うのです。ある意味、ここ数年「疎」になってきた人間関係に、2023年後半から2024年前半、新しい関わりがガツンと流入します。出会いがあり、関わりの「復活」があり、人と広く交流する場に恵まれ、言わば「密」な状態になるのです。

2023年春頃から、自分の個性や才能、今取り組んでいる活動などについて「このままでいいのだろうか」「自信がない」など、悲観的な不安を抱いてきている人もいるはずです。その点、2024年前半に流入してくる「人々」は、あなたのその不安を吹き飛ばしてくれるでしょう。あなた自身、疑念や不安を孤独に抱え込むことをやめ、「現実の他者」にその思いをぶつけてみようという勇気を持てます。内なる思い悩みを「現実の他者」と共有した時、取り越し苦労や疑心暗鬼がパッと晴れ、本当に悩むべきことを悩む、建設的な道筋を見つけ出せるでしょう。

❄ 5月末以降「ギフトの時間」へ

　2024年5月末から2025年6月上旬は「ギフトの時間」です。文字通り、素敵な贈り物を受け取る場面がたくさんあるでしょう。この「贈り物」は、お金やモノなど物質的なものはもちろん、形のないものも含まれます。たとえば誰かからの献身的なサポートが得られるかもしれません。あなたのために特別に、誰かがチャンスを作ってくれるかもしれません。会いたい人に紹

介してもらえたり、チャレンジのきっかけを作ってもらえたりするかもしれません。また、大切なアドバイスをもらえたり、「指導」してもらえたりする可能性もあります。どれもお金では買えないものであり、自分一人では決して、手に入れることができないものです。

　そうした「ギフト」を受け取った瞬間は、すぐには馴染めないかもしれません。「これは何に使えばいいのだろう?」「自分には高価すぎる」「こんなすごい役目を与えられても、自分の実力では対応できない」など、戸惑いや気後れを感じることも多そうです。もちろん、「受け取るかどうか」は、あなたが完全に自由に選択できます。心から「違うな」と思ったら、「せっかく素晴らしい機会を用意してもらったけれど、今の私には合わないようです」と断ることができます。でも、少しでもぴんと来るものがあれば、この時期のあなたはそれを受け取る方向に傾くだろうと思います。これまでの自分であれば決して引き受けなかったであろうことも、「今ならできるかもしれない」という可能性を感じられるのです。最初はぴんと来なかったものが、取り組んでゆくうちに、徐々に「自分のもの」になります。

自分には高価すぎるように思えた贈り物が、使っているうちにいつしか、身体の一部になります。

　私たちは他者との関わりを通して、少なからず変化します。2024年の蠍座の世界では、そうした変化の振り幅が非常に大きいのです。他者と出会い、さらに踏み込み合って、お互いの境界線が取り払われ、ダイレクトに影響を与え合うことになります。「ギフトを受け取る」とは、他者の力が自分の世界に直接入り込むような出来事です。恋愛や性的な交渉もその一つですが、そこでは自他の境界線が一時的にでも消滅するがゆえに、少なからぬ危険が伴います。たとえば、一般に「友達とのお金の貸し借りは、やめておいたほうがいい」と言われます。お金の貸し借りも、他者との「踏み込み合い」です。そこでは不均衡な力関係が生じ、互いの心情のバランスが崩れるのです。そうしたアンバランスを超えて、対等な信頼関係を保ち続けるのは、誰にとっても非常に難しいことです。ですが一方で、人間社会にはお金の貸し借りも、贈与も、性交も、なくてはならない営為です。リスクを取ってでも「踏み込み合う」ことで、人生の新しい可能性にスイッチが入

ります。2024年、特に後半はそうした、可能性とリスクの両方を見つめながら他者と深く踏み込み合う時間が巡ってくるのです。

❋世の中での、自分のポジション

9月から2025年6月半ばにかけて、あなたは広い世界に出て闘うことになるようです。冒険の旅に出る人もいれば、勉強を始める人、独立する人、新しいビジネスを起ち上げる人もいるでしょう。自分を守ってくれていた世界から飛び出して、自分の力で広い場所に立とうとする人が多いはずです。

この時期のチャレンジは、「社会的な居場所を作る」という意味合いが強いようです。この世の中における自分のポジションはどこか、という問いに、答えを見つけられる時なのです。もとい、その答えを2025年半ばまでに見つける人もいれば、2026年後半から2027年半ばに見出す人、2043年頃までかかって答えを掴む人もいるだろうと思います。いずれにせよ、「自分はどこにいるのか」「自分の持ち場」を探すような試みができる時間が始まります。

「何者かになりたい」という表現を、昨今よく目にします。「有名になりたい」「成功者と見なされたい」「自分の仕事や肩書きに自信を持ちたい」「人に語れるような仕事が欲しい」、あるいはもっと別の意味合いで、この表現を使う人もいます。この時期のあなたももしかすると「何者かになりたい」という思いを抱くかもしれません。その場合、このフレーズの意味するところは、この世の中というマップの中で「どこにいるか」ということなのだろうと思います。「この世の中というマップ」は、一つの世界観であり、社会観、人生観でもあります。この時期のあなたは、そうした世の中や人生の「マップ」を書き換え始めることになるのかもしれません。そしてその中で「自分はどこにいるのか」「どのあたりに立ちうるのか」を何度も繰り返し、問いかけていくことになるのかもしれません。

❴ 仕事・目標への挑戦／知的活動 ❵

　「縁あって」巡ってくる役割があるようです。今年任される役目、ミッション、作業は、未経験のものが少なくないかもしれません。それでもなぜか「あなたに

是非やってもらいたい」とお願いされたり、「なんとなく、自然に」そのポジションを受けることになったりするのです。不思議な縁を辿って、珍しい役割、面白い役目を引き受け、そこで新しい自分の才能に気づかされる人も多いはずです。

11月から、仕事や対外的な活動において「熱い勝負の季節」に入ります。ここから年明けまで、さらに2025年4月半ばから6月半ばにかけて、素晴らしいチャレンジができる時期となっています。独立する人、大成功を収める人、注目される人、ブレイクを果たす人もいるでしょう。

5月後半からは、ビジネスの上でのお金の巡りが良くなる時期です。自分で事業をしている人は、資金繰りの悩みが解決したり、利益率が良くなったりと、嬉しいことが多いでしょう。融資を受けて事業を拡大する、などの選択をする人もいそうです。

知的活動については、2008年頃からの取り組みの「まとめ」のような作業をすることになるかもしれません。長い間学んできたことを「修了」「卒業」する人もいそうです。また「修学旅行」にあたる旅に出る人も

いるかもしれません。

　9月から11月頭、2025年1月から4月半ばにかけて、熱い学びと旅の季節となっています。精力的に学び、行動範囲を広げ、急成長できる時期です。発信活動に取り組んでいる人は、この時期大きなチャンスを掴めるかもしれません。発信力が一気に拡大し、遠くまで声が届きます。

⟨ 人間関係 ⟩

　2023年5月から2024年5月末にかけての時間は文字通り「人間関係の時間」です。公私ともに素敵な出会いがありそうですし、既にある人間関係も愛に溢れるゆたかなものとなります。

　人と関わって成長し、変化していくその振り幅が、とても大きい時期です。一対一で関わる相手から強い刺激を受け、影響され、相手と関わる体験を通して自分自身が変わっていくのを実感できるでしょう。この時期は特に、その変化が意外なものであったり、突発的だったりする傾向があります。「長いこと一緒にいる相手とは、似てくる」と言われますが、この時期のあな

たにもそんなことが起こるかもしれません。もし「この人のようになりたい」と思える相手と一緒にいられれば、その人の良いところをどんどん吸収し、自分のものにできるはずです。

　ビジネスパートナーを得たり、「相方」のような存在に出会えたりと、誰かと強い関わりを結ぶことになるかもしれません。最初はあくまでビジネスライクな関係だったとしても、だんだんと「身内」のような密接な心の繋がりを持てそうです。

❴ お金・経済活動 ❵

　年の後半、経済活動が一気に拡大します。5月末から2025年6月上旬にかけて「ギフトの時間」で、この間は他者から素敵なものをたくさん受け取れるのです。経済的なサポートを受ける人、融資やローンの話を有利に進める人、投資を始める人もいるでしょう。大きな川から水を引いてくるように、外部から自分の世界へと、お金が巡ってくる時と言えます。あるいはそのような試みが成功しやすい時間なのです。また、パートナーや普段関わっている人、家族の誰かの経済状態

がこの時期、一気に上向く可能性もあります。間接的に恩恵を受け取れる時です。

｛ 健康・生活 ｝

　「縁」が生活を変えるきっかけになるかもしれません。たとえば、ペットを飼い始めて生活時間やライフスタイルがガラッと変わった、という人がいます。また、家族が増えたり、ケアすべき相手ができたりする中で、暮らし方が一変する人がいます。子供を持ってお酒や煙草をやめるとか、誰かのために食事を作ることになって、結果的に自分も健康的な食生活になった、など、他者との関係性を通して自分のコンディションが上向きになるケースは少なくありません。2024年はそうしたことが起こりやすい年と言えます。「自分以外の誰か・何かのため」にしていることが、いつのまにか「自分のため」になります。誰かを助けたことで、自分自身が助けられる年です。

◉ 2024年の流星群 ◉

「流れ星」は、星占い的にはあまり重視されません。古来、流星は「天候の一部」と考えられたからです。とはいえ流れ星を見ると、何かドキドキしますね。私は、流れ星は「星のお守り」のようなものだと感じています。2024年、見やすそうな流星群をご紹介します。

4月下旬から5月／みずがめ座η流星群

ピークは5月6日頃、この前後数日間は、未明2～3時に多く流れそうです。月明かりがなく、好条件です。

8月13日頃／ペルセウス座流星群

7月半ば～8月下旬まで楽しめる流星群です。三大流星群の一つで、2024年は8月12日の真夜中から13日未明が観測のチャンスです。夏休みに是非、星空を楽しんで。

10月前半／ジャコビニ流星群
（10月りゅう座流星群）

周期的に多く出現する流星群ですが、「多い」と予測された年でも肩透かしになることがあるなど、ミステリアスな流星群です。2024年・2025年は多数出現するのではと予測されており、期待大です。出現期間は10月6日～10月10日、極大は10月8日頃です。

HOSHIORI

蠍座 2024年の愛
年間恋愛占い

♥ 愛に揉まれる年

　2024年の蠍座の愛は、とても本格的です。真剣で、チャンスに満ちていて、発展的で、創造的なのです。愛の世界では誰もが、理想と現実の間で思い悩みます。「思った通りにならない」ことがある一方、「想像以上」があり、「思い通り」はほとんどないのが現実の愛の関係です。2024年はそんな愛の本質を真正面から生きられる時間です。

｛ パートナーを探している人・結婚を望んでいる人 ｝

　ズバリ、出会いの季節です。約12年に一度の「パートナーシップの時間」の中にあり、パートナーを探している人はきっと、前向きな結果を出せるでしょう。ただ、この時期のあなたはロマンティックな事象に関してかなりシニカルになっているかもしれません。「愛の感情よりも、もっと現実的な条件を見つめなければ」「トキメキよりも、将来の不安に対応することを優先しなければ」というふうに、愛に対してどこか悲観的な思いを抱きつつ、パートナーを探す、といった状況に

なりやすいのです。

　ですが「愛」はとても大切です。また、ドキドキするような恋愛感情だけが「愛」ではありません。お互いを思いやれるあたたかな気持ち、一緒にいて心地良いと感じられる関係、互いの弱さや欠点を許し合えるような心の結びつきがなければ、どんなに「条件」が良くても、なかなかその関係は人生の支えとなりにくいだろうと思うのです。現実的なパートナーシップを求める時ほど、愛情の形について真剣に向き合う必要があります。そうした、真剣な愛を探し求める姿勢は、この時期必ず報われます。

❨ パートナーシップ について ❩

　2023年後半から2024年5月末は「パートナーシップの季節」です。パートナーとの関係が大きく好転するでしょう。ここ数年、対等な関係、自由な関係を志向してきたがゆえに、少し心の距離が離れてしまったと感じている人にとっては、2024年はあらゆる意味で距離を縮め、心のあたたかな繋がりを再確認できる時間と言えます。愛について疑心暗鬼が強まりやすい時

期ですが、現実の相手にまっすぐぶつかっていけば、ほとんどの不安や疑念が単なる想像だったということがわかります。また、頭で考えすぎてがんじがらめになっていた状態を、パートナーとの現実的コミュニケーションやフィジカルなやりとりを通して解消できる、といった場面も多いのではないかと思います。

｛ 片思い中の人・愛の悩みを抱えている人 ｝

　悩みが大きくなりがちな年です。というのも、愛について悲観的になりがちだからです。問題が大きくなるとか深刻化するというよりは、あなた自身の心の中に、現実と理想のギャップが拡大したり、悲しい愛のイメージが増幅したりと、悩みがそれ自体で雪だるまのように膨らんでしまいやすいのです。そうしたネガティブな思いを周囲や相手にぶつけることで、さらに問題が拡大する可能性もあります。この時期の愛の悩みを解決するコツは、まず現実の側に立つこと、想像と現実を区別することです。さらに、自分の人生に意識的に責任を持つことも大切です。また、2024年は「人に恵まれる」年です。ゆえに、自分の中だけに愛の

問題を閉じ込めないこともポイントです。相談相手を求めること、視野を広げることで、自分自身のネガティブな想念に支配されずに済むはずです。

｛ 家族・子育てについて ｝

　家族との関係が大きく変わり始めるかもしれません。居場所や故郷が磁力を発しているかのように、あなたを「吸い寄せる」動きが生じるかもしれません。たとえば、これまで「あたたかい家庭」のようなイメージに一切興味がなかったのに、その気持ちが一変して、俄然「家庭を作る」ことに注力し始める人もいるでしょう。あるいは「家は賃貸でいい」と考えていたのに、なんらかのきっかけを得て突如「一国一城の主になりたい」といった思いが湧き上がるかもしれません。ここから2043年頃にかけて、自分が立つ場所、居場所がある意味自動的に決まっていくような感覚を抱く人もいるだろうと思います。居場所や家、家庭を必要とすること、自分がまわりの人々から絶対的に必要とされることの両方が強調され始めます。自分の生活が自分だけのものではなくなり、より大きな場に根を下ろす、そ

んなストーリーがここから始まるのです。

　子育てについては「リラックス」がとても重要です。この時期、プレッシャーやストレスが強まり、視野が狭まりがちなのです。なんでも自分のせいだと感じたり、自分がもっと頑張ればもっと良くなると思いすぎたりするのは、幻想です。過剰に悲観的になったり、自分を責めたりするのは、非現実的なことです。肩の力を抜き、「理想の子育て」に縛られすぎないことが大切です。理想と現実では、常に現実のほうが優位です。

｛ 2024年　愛のターニングポイント ｝

　年明けから6月頭まで、素晴らしいパートナーシップの時間となっています。特に2月半ばから5月末までは非常に強い追い風が吹き続けます。さらに9月下旬から10月半ばも、愛のスポットライトが当たる時間となっています。また、9月半ばは「愛のミラクル」が起こりそうなタイミングです。運命を感じるような愛のドラマが展開するかもしれません。

蠍座　2024年の薬箱

もしも悩みを抱えたら

❈ 2024年の薬箱 ～もしも悩みを抱えたら～

　誰でも日々の生活の中で、迷いや悩みを抱くことがあります。2024年のあなたがもし、悩みに出会ったなら、その悩みの方向性や出口がどのあたりにあるのか、そのヒントをいくつか、考えてみたいと思います。

◆それでも関わる価値がある

　人間関係に大いに揉まれる時期なので、人の意外な言葉や想定外の態度にびっくりさせられることが多いかもしれません。「この人がこんなことを言うんだ！」とショックを受けたり、自分の中にある傷つきやすい「地雷」を踏み抜かれて心が折れたりと、他者と関わる時に必ず起こる無理解からの衝撃を、この時期は避けられないだろうと思います。たくさんの人と関われば関わるほど、カルチャーのギャップ、バックグラウンドのギャップからくる「ショック」を受け取るしかないのです。人の考え方や価値観は一朝一夕に変わることはマレです。粘り強く関わっていく中で、だんだんに考え方を変えてくれる可能性はありますが、そのプ

ロセスにおいても、相手から傷つけられる危険は残ります。ただ、そうしたリスク、痛みを引き受けてでも、「人と関わろう」とすることは、長い目で見ればあなたの人生をとてもゆたかにしてくれます。この時期、人と関わる機会がとても多い一方で、少し人嫌いになったりする場面もあるかもしれません。ですがそれも、長期的に見れば、関係性を作る「ステップ」の一つに過ぎないのかもしれません。人の言葉を真に受けすぎず、「誰にも色々な面がある」ということを念頭に置き、できるだけ「ゆるく捉える」と、折れそうな心を立て直す余裕が生まれそうです。辛い時は長く慣れ親しんだ人のもとに帰って。

◆ **勇敢に戦い続けて、報われる**

　11月以降、2025年6月半ばくらいまで、対外的な活動におけるプレッシャーが強まります。勇気を出してとにかく前に出て。必ず努力は報われます。

2024年のプチ占い（牡羊座〜乙女座）

牡羊座（3/21-4/20生まれ）

特別な縁が結ばれる年。特に春と秋、公私ともに素敵な出会いがありそう。年の前半は経済活動が熱く盛り上がる。ひと山当てる人も。年の半ば以降は、旅と学び、コミュニケーションの時間へ。成長期。

牡牛座（4/21-5/21生まれ）

約12年に一度の「人生の一大ターニングポイント」が5月末まで続く。人生の転機を迎え、全く新しいことを始める人が多そう。5月末以降は、平たく言って「金運の良い時」。価値あるものが手に入る。

双子座（5/22-6/22生まれ）

大きな目標を掲げ、あるいは重大な責任を背負って、ひたむきに「上を目指す」年。5月末からは素晴らしい人生のターニングポイントに入る。ここから2025年前半にかけ「運命」を感じるような出来事が。

蟹座（6/23-7/23生まれ）

夢と希望を描く年。素敵な仲間に恵まれ、より自由な生き方を模索できる。新しい世界に足を踏み入れ、多くを学べる年。9月から2025年春にかけて「自分との闘い」に挑む時間に入る。チャレンジを。

獅子座（7/24-8/23生まれ）

大活躍の年。特に5月末までは、仕事や対外的な活動において素晴らしい成果を挙げられる。社会的立場がガラッと変わる可能性も。独立する人、大ブレイクを果たす人も。11月以降も「勝負」の時間。

乙女座（8/24-9/23生まれ）

冒険と成長の年。遠い場所に大遠征を試み、人間的に急成長を遂げる人が多そう。未知の世界に思い切って足を踏み入れることになる。5月末以降は大活躍、大成功の時間へ。社会的立場が大きく変わる。

（※天秤座〜魚座はP96）

蠍座 2024年 毎月の星模様

月間占い

◆ 星座と天体の記号

「毎月の星模様」では、簡単なホロスコープの図を掲載していますが、各種の記号の意味は、以下の通りです。基本的に西洋占星術で用いる一般的な記号をそのまま用いていますが、新月と満月は、本書オリジナルの表記です（一般的な表記では、月は白い三日月で示し、新月や満月を特別な記号で示すことはありません）。

♈：牡羊座	♉：牡牛座	♊：双子座
♋：蟹座	♌：獅子座	♍：乙女座
♎：天秤座	♏：蠍座	♐：射手座
♑：山羊座	♒：水瓶座	♓：魚座
☉：太陽	●：新月	○：満月
☿：水星	♀：金星	♂：火星
♃：木星	♄：土星	♅：天王星
♆：海王星	♇：冥王星	
℞：逆行	Ð：順行	

◆ 月間占いのマーク

　また、「毎月の星模様」には、6種類のマークを添えてあります。マークの個数は「強度・ハデさ・動きの振り幅の大きさ」などのイメージを表現しています。マークの示す意味合いは、以下の通りです。

　マークが少ないと「運が悪い」ということではありません。言わば「追い風の風速計」のようなイメージで捉えて頂ければと思います。

★　　特別なこと、大事なこと、全般的なこと

✊　　情熱、エネルギー、闘い、挑戦にまつわること

🏠　　家族、居場所、身近な人との関係にまつわること

¥　　経済的なこと、物質的なこと、ビジネスにおける利益

✏　　仕事、勉強、日々のタスク、忙しさなど

♥　　恋愛、好きなこと、楽しいこと、趣味など

1

JANUARY

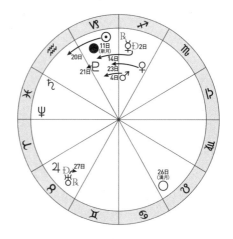

◆**知的フットワークを活かす。**

知的刺激に溢れる月です。様々なことに興味が湧いて、フットワーク良くアプローチできそうです。向学心が強まり、精力的に勉強に打ち込む人もいるでしょう。一つのところに留まることなく、あちこち動き回ることで世界が広がります。月の後半は特に「動き」が出てきます。外の風を吸い込んで。

◆**経済活動に上昇気流が。** ¥ ¥ ¥

12月半ば以降、経済活動にまつわる混乱や停滞があったかもしれません。待ちぼうけになったり、計算違いがあったりと、不安な日々を過ごしていた人は、年明けと同時に問題が片づき、ホッとひと息つけるでしょう。さらに1月は経済的な上昇気流に

包まれていて、収入が増えたり、欲しいものが手に入ったりするタイミングとなっています。自分の手で価値あるものを生み出せる、ゆたかな時間帯です。

◈「自分はどこにいるべきか」という問い。　　★彡★彡★彡
月の下旬、「探し求めていたものに出会う」「ずっと目指していた場所に辿り着く」ような体験ができるかもしれません。ある特別な場所に足を踏み入れて「ここだ！」という確信を得る人もいるでしょう。自分が「どこにいるべきなのか」というテーマに、新しい答えを見出せそうなタイミングです。

♥心からの対話という「焚き火」。　　　　　　　　　♥
愛の対話を重ねるほど、自分の心の奥深くに眠る傷や、相手の過去の痛みなどに触れることになるかもしれません。それらはデリケートなので、「できれば触れないようにしたい」と思えるかもしれませんが、今は冷たく凍りついた痛みや苦悩を、対話の焚き火であたためることができるようです。

》》1月 全体の星模様《

12月半ばから射手座で逆行中の水星が2日、順行に戻ります。コミュニケーション上の問題、遠方とのやりとりや移動の問題が解決に向かうでしょう。とはいえ月の半ばまでは、流言飛語の危険も。火星は山羊座で力を増し、権力闘争が煽られます。21日、昨年3月以来二度目の冥王星水瓶座入り、時代の大きな節目に。ただし冥王星の水瓶座入り完了は11月20日、まだ中間地点です。

2

FEBRUARY

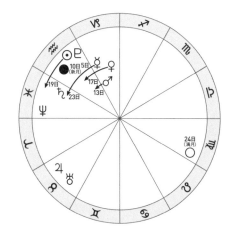

◈**自分を支えてくれている、愛と情熱。**

月の前半はフットワーク良く動き回り、行動範囲を拡大できそ
うです。あちこちから声がかかってにぎやかな雰囲気に包まれ
るでしょう。月の半ば以降は家族や身近な人のために、多くの
時間と労力を注ぐことになりそうです。自分の日常を支えてく
れている愛や情熱の大切さを実感できる時です。

◈**過去への学び。**

1月から2月半ば、精力的に勉強を続ける人が多そうです。特に
2年前、2022年の前半に起こったことについての「検証作業・
捉え直し」に取り組む人もいるはずです。リアルタイムでは気
づかなかったことが、ここで深く理解できるようになるかもし

れません。振り返りから、前向きな意志が生まれます。

◆身近な人、仲間の存在。
10日前後、居場所に新しい風が吹き込みそうです。家族関係に変化が起こるかも。24日前後、あなたの心の中にある冷たい恐怖心や不安を、仲間の誰かがあたためてくれるようです。

♥愛への責任感。 ♥
月の上旬から中旬にかけては、少し孤独感が強まるかもしれません。愛についてなにかと悲観的になったり、疑心暗鬼に陥ったりする場面も。現実に目の前にあるあたたかな関係に対し、妙に距離を取りたくなるのは、相手に原因があるのではなく、あなた自身の心の中の問題を映し出す現象なのかもしれません。月の下旬に入るとそうした距離感や孤独感が変化し始めます。「愛について望むものがあるなら、もっと自分から行動しよう、責任を持とう」といった思いが湧き、その思いに応えるように、愛のドラマが進展し始めるはずです。

≫≫ 2月 全体の星模様 ≪

火星は13日まで、金星は17日まで山羊座に滞在します。2022年の1月から3月頭に起こった出来事をなぞるような、あるいは明確にあの頃の「続き」と感じられるような出来事が起こるかもしれません。さらに月の半ばを過ぎて、社会的に非常にビビッドな転換点が訪れるでしょう。冥王星に火星、金星が重なり、人々の「集合的無意識」が表面化して大きな潮流が生じます。

3

MARCH

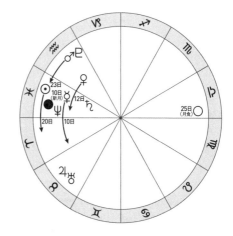

◇ **制御不能な「身内」への情愛。**　🏠🏠🏠

家族や身近な人に対し、熱い思い、情熱をぶつけることになる
かもしれません。相手への熱い要求や怒りなど、自分でもびっ
くりするほどのパッションが溢れ、時にコントロール不能にな
ることも。それでも、今は愛の季節で、まっすぐな愛がきっと
伝わります。自分の中の情愛を見つめ、大切にして。

◇ **クリエイティブな活動は、右肩上がり。**　❤️❤️

創造的な活動に打ち込める時期です。ただ、月の上旬は「試行
錯誤」「産みの苦しみ」の時間となるかもしれません。創造の世
界に深く入り込む時は、時にスランプに陥ることもあります。た
だ、深い迷宮をしっかり歩ききった先に、「これだ！」という素

晴らしい答えに辿り着けます。この時期にもしスランプに陥っても、出口は意外にすぐ見つかります。遅くとも10日から12日にはトンネルを抜け出し、のびのびと才能を発揮できるようになるはずです。

◆月末「問題解決」の場面が。
25日前後、密かに悩んでいたことが一気に解決に向かいそうです。特に、身近な人の意外な尽力で悩みが吹き飛びます。

♥悲観に飲まれず、時を待つ。 ♥ ♥ ♥
月の上旬は少々混乱気味です。あなた自身の不安感や悲観が愛情表現の歪みを呼び、誤解や行き違いが起こる可能性も。それが10日から12日を境に強い光が射し込み、状況が一気に好転します。月の前半は決して焦らないこと、言葉を丁寧に選んで使うこと、一時的なネガティブな感情に飲まれないことを心がけて。問題は必ず、時間が解決してくれます。10日前後、特別な出会いの気配もあります。

≫≫ 3月 全体の星模様 ≪

火星が冥王星と水瓶座に同座し、非常に鉄火な雰囲気が漂います。2023年頃から静かに燃え始めた野心が、最初のハッキリした「発火」を起こしそうです。月の上旬は水星が魚座に位置していて、コミュニケーション上の混乱が起こりやすいかもしれません。10日を境にその混乱がすうっと収まり、かわってとても優しい愛が満ちてきます。共感と信頼、救済の力を感じられます。

MONTHLY
HOROSCOPE

4

APRIL

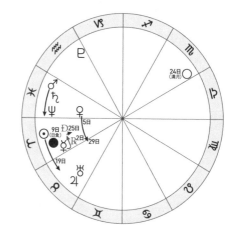

◆**怖がっていたものを、追いかける。**

やりたいことにガンガン打ち込める時です。このところ自信がなくなっていたこと、迷いながらやっていることに、「むしろ、最大の情熱を注いで、真正面から向き合ってみよう」という方針転換ができます。恐れて背を向け、半ば逃げつつあった対象を、反転して追いかけ始めるような時間帯です。

◆**のんきに構えていても大丈夫。**

生活のリズムが乱れがちになるかもしれません。なんとなく怠けてしまったり、ぼんやりしているうちにどんどん時間が過ぎたりしやすい時です。ただ、それは心身が休息やエネルギーチャージを求めている証拠なのかもしれません。敢えて「がんば

らない」ことを選択するのも一案です。遅くとも月末には気持ちがきりっと引き締まり、新鮮なやる気が湧いてきます。4月の遅れは、5月に取り戻せます。

◉「場が変わる」節目。 ★彡★彡

24日前後、特別な星の時間です。かなり重要なターニングポイントに立つ人が少なくないでしょう。ずっと頑張ってきたことが認められ、ポジションが変わるかもしれません。または、生活環境がガラッと変化する可能性も。

♥愛への責任、積極性。 👊👊👊

情熱の時間です。愛への悲観や疑念に、正面から立ち向かえます。これまでの態度を振り返って反省し、より真摯で望ましい愛し方を模索できます。今まで相手に任せきりだったことを、自分でやってみるような試みもできます。愛を探している人は、大きなチャンスを掴めます。年齢や立場など、ギャップのある相手と縁が結ばれやすい時です。

≫≫ 4月 全体の星模様 ≪

水星が牡羊座で逆行し、そこに金星が重なります。これは、混乱や緩みが感じられる配置です。年度替わりに「スタートダッシュ！」と意気込んでも、なぜかもたもた、ノロノロするかもしれません。先を急がずどっしり構えることがポイントです。魚座で土星と火星が同座し、ある種の手厳しさが強調されています。不安が反転して怒りが燃え上がるような、「逆ギレ」的展開も。

5

MAY

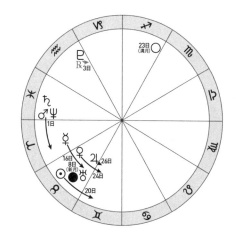

◆**人から引き出される、新しい顔。** ★彡★彡★彡

2023年5月からの「人間関係・パートナーシップの季節」がピークを迎えます。特別な出会いがあったり、ここまでに出会った人々との関わりが一気に深まったりするでしょう。人と会う機会が増え、人から個性を引き出してもらえます。「この人といる時の自分は、新鮮だな」などの発見がありそうです。

◆**熱い多忙期。**

仕事や日々のタスクが山積みで、駆け回るような毎日となるかもしれません。非常に忙しい時です。あちこちから出動を要請されたり、あれこれ相談されたり、とにかく「必要とされる」場面が増えるでしょう。相手の要望やニーズ、抱えている事情

を詳細に聞くことで、自然にいい結果を出せます。

◈ **無理のある生活のあり方を変える。**

普段から無理を重ねていたり、ガマンを強いられて心身のコンディションを崩しがちだったりする人は、この時期に思い切ってその状況を変えるためのアクションを起こせます。就労条件を変えるために転職活動を始めるなど、かなり根本的な策を打てる時です。生活習慣をガラッと変える人、日々の役割分担を調整するための交渉をする人もいるでしょう。

♥ **約1年の「パートナーシップの時間」の到達点。**

この時期にパートナーに出会う人、結婚する人が少なくないでしょう。「パートナーシップの季節」の最終段階で、過去1年ほどの努力の結果が出るはずなのです。カップルも、相手との関係がぐっと深くなります。パートナーがいる人は、お互いに相手の大切さを確かめ合うような、特別なシーンがあるかもしれません。ケンカや悶着も、決着がつきます。

》》 5月 全体の星模様 《

牡牛座に星々がぎゅっと集まり、2023年5月からの「牡牛座木星時間」の最終段階に素晴らしい彩りを添えます。約1年頑張ってきたことがここで、非常に華やかな形で「完成」しそうです。牡牛座は物質・お金の星座であり、社会的には経済や金融などの分野で大変化が起こる可能性があります。20日から26日にかけて星々は順次双子座へ移動し、新しい時間が幕を開けます。

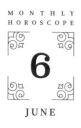

MONTHLY HOROSCOPE

6

JUNE

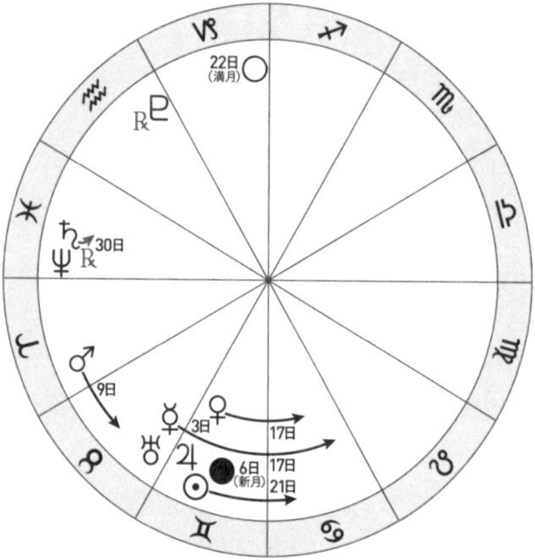

◈あちこちから寄せられる提案。 ￥￥

面白いオファーや提案を受けることになりそうです。誘われたり、大事な役目を任されたり、「これはあなたにぴったりだと思います」とオススメされたりと、「人が自分のために、色々なものを選び、用意してくれる」動きが重なるのです。一つ一つ吟味して、できるだけ前向きにトライを。

◈白か黒かではない、第三の道。

9日から7月中旬にかけて、熱い人間関係の時間です。情熱的な人や個性的な人に出会い、多くの刺激を受け取れるでしょう。誰かに引っ張られるようにして、新しい世界に誘われる人もいそうです。一方、タフな交渉に臨んだり、「真剣勝負」を挑んだり

と、衝突もあるかもしれません。パートナーや家族とケンカするような、ヒートアップする場面も。去年から5月までの中で培った信頼関係を、ある意味「試す」機会なのかもしれません。自分の考えをしっかり持ってぶつけることが大切ですが、相手の言い分もまずは丸ごと受け取ってみて。白か黒かではない、もう一つの道が見つかります。

♥「合わせる」という手段。　　　　　　　　　　✊✊

「相手に合わせる」ことがこの時期のテーマです。もちろん、自分を曲げてまで相手の言うことを聞く必要はありません。気を遣いすぎることも必要ありません。ただ、自分の考えや前提をいったん棚に上げて、相手のやり方や考えをひとまず受け取ってみる、ということが大切なのです。普段の役割を交換したり、「今だけ」という限定で相手の提案を呑んだりする経験が、お互いの距離を一気に縮めるステップとなるかもしれません。片思い中の人は「当たって砕けろ」の時間です。特に中旬以降は、思い切ってぶつかってみて。

》》 6月 全体の星模様 《

双子座入りした木星に、水星、金星、太陽が寄り添い、ゆたかなコミュニケーションが発生しそうです。どの星もにぎやかでおしゃべりな傾向があり、あらゆる立場の人が一斉にしゃべり出すような、不思議なかしましさが感じられるでしょう。17日、水星と金星が揃って蟹座に抜けると、騒々しさは少し落ち着くかもしれません。全体に「流言飛語」「舌禍」に気をつけたい時間です。

MONTHLY HOROSCOPE

7

JULY

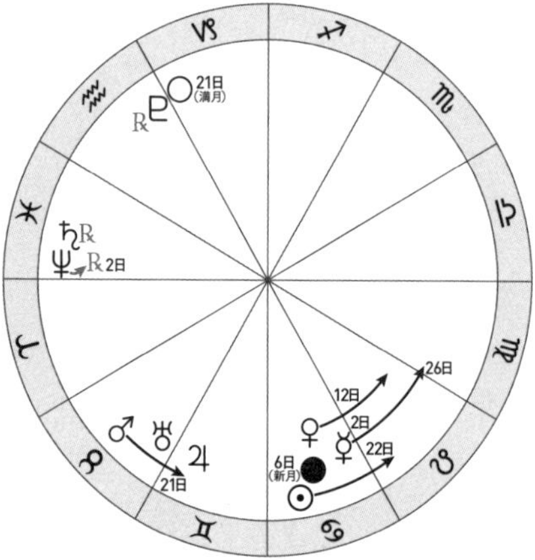

◈未来に向かうための衝突。

熱い人間関係の時間が21日まで続いています。人から刺激を受け取れる一方で、衝突や摩擦も多いかもしれません。ここでもし、誰かとの関係が壊れたとしても、それは「壊れるべくして壊れた」もののようです。いくつかの関係性が解体された後、新しい繋がりを再構築する希望が生まれます。

◈爽やかな旅の季節。

前半は爽やかな旅の時間の中にあります。少し早めの夏休みを取り、バカンスを楽しむ人も多そうです。一緒に旅に出た相手とちょっとぶつかるような場面もあるかもしれませんが、ちょっとしたギフトを贈り合ったり、美味しいものをご馳走しても

らったりする中で、仲直りできそうです。

◆**明るい活躍期。**

全体に忙しい時期ですが、忙しさの中に楽しさが詰まっています。特に、褒められたり引き立ててもらったりと、キラキラした喜びの中で活動できそうです。少々目立つポジションで動く場面、リーダーシップを取る場面も。

♥**プライドよりも、愛を優先する。**

突発的な関係性の変化が起こりやすい時です。特に、あなたの側から苛立ちや怒りをぶつけ、あなた自身がこの関係を続けるかどうかの選択をすることになるようです。ただ、愛の関係のほとんどは「白か黒か」で片づくものではありません。たとえば決別した瞬間に相手をどんなに愛しているかに気づく、といったことも起こるものです。余計なプライドや形式にこだわって自分に嘘をつくと、後悔することに。どこまでも正直に、率直にいることが、結局は最善策です。

⟫⟩ 7月 全体の星模様 ⟨⟪

牡牛座の火星が天王星に重なり「爆発的」な雰囲気です。特に経済活動に関して、驚きの変化が起こりそうです。蓄積されてきたエネルギーに火がつく節目です。21日、火星は木星が待っている双子座に入ります。この21日は今年二度目の山羊座の満月で、水瓶座に移動完了しつつある冥王星と重なっていて、こちらも相当爆発的です。世の中がガラッと変わるような大ニュースも。

8

AUGUST

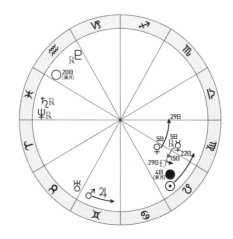

◆過去に遡って「回収」できるもの。 ★彡

「伏線の回収」のようなことができるかもしれません。「あの時のあれは、そういう意味だったの！」「怒っていたんじゃなくて、心配してくれていたんだ！」など、主に交友関係の中で誤解が解けたり、モヤモヤが消えたりする展開になりそうです。誰かに預けていたものが戻ってくるような場面も。

◆自他の切り分けが曖昧になる。 ¥ ¥

懐かしい人々と再会できる時です。「チームの再結成」のような動きも出てきそうです。意外な場所で昔の友人に再会し、そこからどんどん会うようになり、一緒に新しい企画に着手する、といったトントン拍子の展開も。人から受け取れるものがたくさ

んある時で、特にこの時期は、自分一人では決して思いつかないようなこと、「この人たちと一緒だから」できることが多いようです。面白い計画に誘われたり、びっくりするようなアイデアを提供されたりするかもしれません。自他の境界線を曖昧にすることで、活動の場が広がります。

♥ **シニシズムの落とし穴を避ける。** ✊✊

非常に情熱的な、官能的な時間です。カップルはとても濃密な時間を過ごせるでしょう。お互いの中にあった疑念や不安を、言語外のコミュニケーションによって払拭できるかもしれません。フリーの人も誘惑が多い時期となっています。ただ、この時期は愛に対して、妙にシニカルになりがちかもしれません。たとえば「精神的な愛などは所詮幻想にすぎず、現実には刹那的な性愛しかないのだ」といった極論に囚われると、ある種の精神的な陥穽（かんせい）に落ちる可能性も。人間的な信頼関係、愛というものへの希望を大切にすることで、無防備に傷つけ合う事態を回避できるかもしれません。

》》 **8月 全体の星模様** 《

双子座に火星と木星が同座し、あらゆる意味で「熱い」時期となっています。荒ぶるエネルギーが爆発するようなイメージの配置で、普段抱えている不満や問題意識がはじけ飛んだようなアクションを起こせそうです。徹底的な交渉の上で要求を通せます。一方、5日から29日まで水星が乙女座−獅子座にまたがって逆行します。金星も重なっていて、少々グダグダになる雰囲気も。

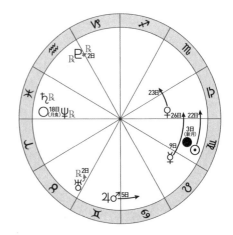

◆**新しいフィールドへ。**

旅の季節に入ります。ここから11月頭にかけて、遠出の機会が
増えそうです。遠征や留学、移住など、大スケールの遠出に挑
む人も。また、精力的に学べる時期でもあり、資格取得や専門
性の強化などに取り組んで、素晴らしい結果を出せるでしょう。
最初は馴染めなくても、敢えて新境地を模索して。

◆**シェアすると、増えるもの。**

人間関係が「正常化」する時です。特に8月中、チームワーク
が乱れたり、交友関係に混乱が起こったりしていたなら、遅く
とも9月中旬には問題が解決するはずです。誤解が解け、問題
が起こる前よりもむしろ、良好な関係を再構築できるでしょう。

誰かと夢を共有したり、価値あるものをシェアしたりできる時でもあります。ものでも機会でも場でも、なんでも分かち合うことで、かえってボリュームが増えます。

◆嬉しい計画が起ち上がる。

3日前後、あちこちから声がかかって、どんどん新しいスケジュールが埋まりそうです。「これから」の道筋ができていきます。18日前後、意外な場所で才能を発揮できるかも。

♥深海で竜宮城に辿り着く。

18日前後「愛のミラクル」が起こりそうです。このところ非常に深い、複雑な愛の物語を生きている人も少なくないはずですが、この時期は「真っ暗な深海を進んでいたら、竜宮城を見つける」といった、びっくりの展開が起こる可能性があるのです。愛を探す時、たいてい私たちは外界を探しますが、愛はいつも自分の心の中にあります。その不思議なカラクリに、突然気づかされるような場面があるかもしれません。

》》 9月 全体の星模様 《

双子座で木星と同座していた火星が蟹座に抜け、ヒートアップした雰囲気が一段落します。金星は既に天秤座に「帰宅」しており、水星も順行に戻って9日から乙女座入り、オウンサインです。水星も金星も自分の支配する星座で、その力がストレートに出やすいとされる配置になります。コミュニケーションやビジネス、交渉や人間関係全般が、軌道修正の流れに乗ります。

10

OCTOBER

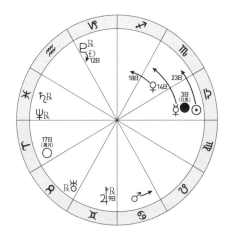

◆謙遜せず、まるごと受け取る。　

楽しい時間です。なにかとキラキラした出来事が起こり、心弾
む日々を過ごせるでしょう。人から褒められたり、誘われたり
と、ストレートに喜べることが多い時です。この時期は特に「受
け取れるものは全て受け取る」スタンスが大切です。たとえば
褒められたら謙遜するより、喜びをもってお礼を。

◆恐る恐る「王道」を進む。　

雄大な上昇気流に包まれています。この時期、非常に自然な形
で、スケールの大きなプロジェクトが展開してゆくかもしれま
せん。自分から働きかけている自覚がないのに、なぜか人生の
大きな転機に包み込まれて運ばれていくような、不思議な「好

転」の手応えを感じられるでしょう。懸念していたこと、悩んでいたこと、悲観していたことがなぜか、想像とは違う方向へと進んでゆきます。恐る恐る前に進むほど、道が大きく開けます。その道が「王道」です。

◆「縁」で叶う問題解決。

3日前後、密かな悩みが不思議な形でパッと解決するかもしれません。17日前後、心身のコンディションが上向きに。

♥前向きに愛を捉え直す。 ♥ ♥ ♥

素晴らしい愛の季節です。愛と美の星・金星が18日まであなたのもとに滞在し、さらに情熱の星・火星も遠くからエールを送ってくれています。折しも11月頭まで「旅の時間」の中にありますが、旅先での出会いが期待できます。カップルも遠出した先で、情熱が「再燃」するかもしれません。このところ愛についてシニカルな態度を取りがちな人も、この時期は一転して真摯に、情熱的に愛を捉え直せそうです。

>>> 10月 全体の星模様 <<<

引き続き、火星が蟹座に位置し、金星は蠍座に入っています。太陽は天秤座で、これらの配置は全て「ちょっと変則的な面が出る」形とされています。エネルギーが暴走したり、タイミングがズレたりと、想定外の展開が多そうですが、そうしたはみ出る部分、過剰な部分がむしろ、物事の可能性を広げてくれます。3日は天秤座での日食、南米などで金環日食が見られます。

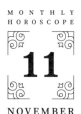

MONTHLY HOROSCOPE

11

NOVEMBER

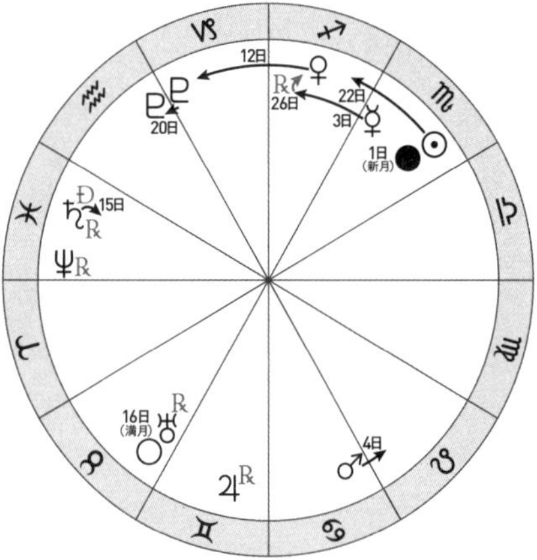

◈一大チャレンジの時間。

仕事や対外的な活動に関して「勝負の時間」に入ります。ここから2025年半ばにかけて一大チャレンジをする人が少なくないでしょう。転職や独立など、ハッキリした社会的立場の変化が起こりやすい時でもあります。力ある人と闘って権利を勝ち取る、といった試みもできます。勇敢かつ大胆に。

◈お金の流れを軌道修正する。

経済活動を軌道修正する時間に入ります。年の中ほどからお金に関する人間関係、役割分担が大きく変わり始めているはずですが、変化の中できちんと話しきれていないこと、ゴチャゴチャと入り乱れてきたことがあるだろうと思います。このタイミ

ングで時間をかけて話し合い、お金に関する現状認識や今後の見通しを丁寧に共有する必要がありそうです。どんぶり勘定をきちんと見つめ直し、お金の流れを整理できる時でもあります。「見える化」を試みて。

◆重要な転換点。

1日前後、特別なスタートラインに立つ人が多いでしょう。16日前後は人間関係にびっくりするような進展が。

♥常識に囚われない新展開。　　　♥♥

1日前後、新展開が起こるかもしれません。特に膠着状態に苦しんでいた人、自ら心の扉を閉ざしていた人は、なんらかのきっかけを掴んで「静から動へ」の選択ができそうです。さらに16日前後は、爆発的な急展開が起こる気配があります。突然の出会いや関係の進展、重要な話が始まるなど、ここも「扉が突然開く」ようなタイミングとなっています。常識や形式に囚われず、一番大切なものをストレートに見つめて。

≫≫ 11月 全体の星模様 ≪

火星は4日から1月6日まで獅子座に滞在し、さらに逆行を経て2025年4月18日から6月17日まで長期滞在します。2025年半ばまでの中で、二段階にわたる「勝負」ができる時と言えます。射手座の水星と双子座の木星は、互いに支配星を交換するような「ミューチュアル・リセプション」の位置関係になります。錯綜するニュースがセンセーショナルに注目されそうです。

12

DECEMBER

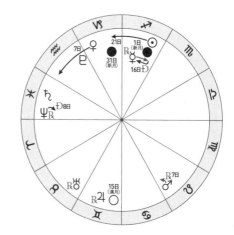

◆**全ての布石を打つ。**

先月からの「勝負の時間」が佳境に入っています。1月頭まで熱い時間の中にありますが、さらに来年4月半ばからの2ヵ月に「第二弾」が待っています。今は結論を急ぐことなく、とにかくできることを全部やっておくことがポイントです。この時期の仕込みや布石が、来春から初夏に物を言います。

◆**手持ちのものをスッキリさせる。**

年末年始は大掃除の季節ですが、今年は「不要品の処分」が捗(はかど)りそうです。特に月の前半、思い切って大物を処分することで、新しい風が吹き込みます。家族や身近な人との関係も、とても風通し良く、あたたかくなります。経済的にも無駄を省くことが

56

できそうです。財布の中をきれいに整理すると、お金の流れ全体がスッキリするかもしれません。

◆「受け取れるもの」の多い年末。

1日前後、そして15日前後に、経済的に嬉しいことが起こりそうです。少し早めのクリスマスギフトを受け取る人も。年末年始は特別なメッセージが届きそうです。丁寧に返信を。

♥ 愛が「内側」に育つ。 ♥

「ほっこり」できる時です。カップルはおうちデートがとても盛り上がりますし、部屋の中での楽しみが増えそうです。二人だけのクローズドな時間の密度が濃くなります。一方、二人の付き合いが「家族ぐるみの付き合い」へと発展していく気配もあります。大人数の団らんの中で愛が根を下ろすのかもしれません。愛を探している人は、外に出ての活動の場でチャンスを掴みやすいかもしれません。汗を流して頑張っている姿を「見初（みそ）められる」ような展開も。

12月 全体の星模様

水星は16日まで射手座で逆行します。「流言飛語による混乱」を感じさせる形です。コミュニケーションや交通機関にまつわる混乱が起こりやすいかもしれません。火のないところにウワサが立って大きくなる時なので「舌禍」に気をつけたいところです。水瓶座入りしたばかりの冥王星に、獅子座の火星が180度でアプライ（接近）します。欲望や戦意が荒ぶる高揚を見せそうです。

月と星で読む
蠍座 366日のカレンダー

◆月の巡りで読む、12種類の日。

　毎日の占いをする際、最も基本的な「時計の針」となるのが、月の動きです。「今日、月が何座にいるか」がわかれば、今日のあなたの生活の中で、どんなテーマにスポットライトが当たっているかがわかります（P.64からの「366日のカレンダー」に、毎日の月のテーマが書かれています。☽マークは新月や満月など、◆マークは星の動きです）。

　本書では、月の位置による「その日のテーマ」を、右の表のように表しています。

　月は1ヵ月で12星座を一回りするので、一つの星座に2日半ほど滞在します。ゆえに、右の表の「〇〇の日」は、毎日変わるのではなく、2日半ほどで切り替わります。

　月が星座から星座へと移動するタイミングが、切り替えの時間です。この「切り替えの時間」はボイドタイムの終了時間と同じです。

1. **スタートの日**：物事が新しく始まる日。
「仕切り直し」ができる、フレッシュな雰囲気の日。

2. **お金の日**：経済面・物質面で動きが起こりそうな日。
自分の手で何かを創り出せるかも。

3. **メッセージの日**：素敵なコミュニケーションが生まれる。
外出、勉強、対話の日。待っていた返信が来る。

4. **家の日**：身近な人や家族との関わりが豊かになる。
家事や掃除など、家の中のことをしたくなるかも。

5. **愛の日**：恋愛他、愛全般に追い風が吹く日。
好きなことができる。自分の時間を作れる。

6. **メンテナンスの日**：体調を整えるために休む人も。
調整や修理、整理整頓、実務などに力がこもる。

7. **人に会う日**：文字通り「人に会う」日。
人間関係が活性化する。「提出」のような場面も。

8. **プレゼントの日**：素敵なギフトを受け取れそう。
他人のアクションにリアクションするような日。

9. **旅の日**：遠出することになるか、または、
遠くから人が訪ねてくるかも。専門的学び。

10. **達成の日**：仕事や勉強など、頑張ってきたことについて、
何らかの結果が出るような日。到達。

11. **友だちの日**：交友関係が広がる、賑やかな日。
目指している夢や目標に一歩近づけるかも。

12. **ひみつの日**：自分一人の時間を持てる日。
自分自身としっかり対話できる。

◆ 太陽と月と星々が巡る「ハウス」のしくみ。

前ページの、月の動きによる日々のテーマは「ハウス」というしくみによって読み取れます。

「ハウス」は、「世俗のハウス」とも呼ばれる、人生や生活の様々なイベントを読み取る手法です。12星座の一つ一つを「部屋」に見立て、そこに星が出入りすることで、その時間に起こる出来事の意義やなりゆきを読み取ろうとするものです。

自分の星座が「第1ハウス」で、そこから反時計回りに12まで数字を入れてゆくと、ハウスの完成です。

第1ハウス：「自分」のハウス
第2ハウス：「生産」のハウス
第3ハウス：「コミュニケーション」のハウス
第4ハウス：「家」のハウス
第5ハウス：「愛」のハウス
第6ハウス：「任務」のハウス
第7ハウス：「他者」のハウス
第8ハウス：「ギフト」のハウス
第9ハウス：「旅」のハウス
第10ハウス：「目標と結果」のハウス
第11ハウス：「夢と友」のハウス
第12ハウス：「ひみつ」のハウス

例：蠍座の人の場合

山羊座　射手座　蠍座　天秤座　水瓶座　魚座　牡羊座　乙女座　牡牛座　双子座　蟹座　獅子座

自分の星座が
第1ハウス

反時計回り

たとえば、今日の月が射手座に位置していたとすると、この日は「第2ハウスに月がある」ということになります。

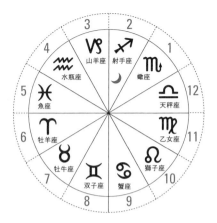

前々ページの「○○の日」の前に打ってある数字は、実はハウスを意味しています。「第2ハウスに月がある」日は、「2. お金の日」です。

太陽と月、水星から海王星までの惑星、そして準惑星の冥王星が、この12のハウスをそれぞれのスピードで移動していきます。「どの星がどのハウスにあるか」で、その時間のカラーやそのとき起こっていることの意味を、読み解くことができるのです。詳しくは『星読み＋2022〜2032年データ改訂版』（幻冬舎コミックス刊）、または『月で読むあしたの星占い』（すみれ書房刊）でどうぞ！

1 ·JANUARY·

1 月
友だちの日
未来のプランを立てる。友だちと過ごせる。チームワーク。

2 火
友だちの日
未来のプランを立てる。友だちと過ごせる。チームワーク。
◆水星が「生産」のハウスで順行へ。経済的混乱が解消していく。
物質面での整理を再開。

3 水
友だちの日 ▶ ひみつの日　　　　　　　　　　　[ボイド] 08:38〜09:48
ざわめきから少し離れたくなる。自分の時間。

4 木
●ひみつの日
一人の時間。過去を振り返り、戦略を練る。自分を大事にする。
◆火星が「コミュニケーション」のハウスに。熱いコミュニケーション、
議論。向学心。外に出て動く日々へ。

5 金
ひみつの日 ▶ スタートの日　　　　　　　　　　[ボイド] 20:42〜21:41
新しいことを始めやすい時間に切り替わる。

6 土
スタートの日
主役の意識で動く。新しい選択肢を選べる。気持ちが切り替わる。

7 日
スタートの日
主役の意識で動く。新しい選択肢を選べる。気持ちが切り替わる。

8 月
スタートの日 ▶ お金の日　　　　　　　　　　　[ボイド] 05:24〜06:10
物質面・経済活動が活性化する時間に入る。

9 火
お金の日
いわゆる「金運がいい」日。実入りが良く、いい買い物もできそう。

10 水
お金の日 ▶ メッセージの日　　　　　　　　　　[ボイド] 03:26〜10:35
「動き」が出てくる。コミュニケーションの活性。

11 木
●メッセージの日
待っていた朗報が届く。勉強が捗る。外に出たくなる日。
🌙「コミュニケーション」のハウスで新月。新しいコミュニケーション
が始まる。学び始める。朗報も。

12 金
メッセージの日 ▶ 家の日　　　　　　　　　　　[ボイド] 11:35〜12:03
生活環境や身内に目が向かう。原点回帰。

13 土
家の日　　　　　　　　　　　　　　　　　　　　[ボイド] 19:00〜
「普段の生活」が充実。身内との関係強化。環境改善ができる。

14 日
家の日 ▶ 愛の日　　　　　　　　　　　　　　　　[ボイド] 〜12:31
愛の追い風が吹く。好きなことができる。
◆水星が「コミュニケーション」のハウスへ。知的活動の活性化、コ
ミュニケーションの進展。学習の好機。

15 月
愛の日
愛について嬉しいことがある。子育て、趣味、創作にも追い風が。

16 火
愛の日 ▶ メンテナンスの日　　　　　　　　　　[ボイド] 13:34〜13:50
「やりたいこと」から「やるべきこと」へのシフト。

17 水　メンテナンスの日
生活や心身の故障部分を修理できる。ケアしたり、されたり。

18 木　● メンテナンスの日 ▶ 人に会う日　　　　　　　[ボイド] 17:04〜17:14
「自分の世界」から「外界」へ出るような節目。

19 金　人に会う日
人に会ったり、会う約束をしたりする日。出会いの気配も。

20 土　人に会う日 ▶ プレゼントの日　　　　　　　　[ボイド] 22:59〜23:00
他者との関係に、さらに一歩踏み込めるように。
◆太陽が「家」のハウスへ。1年のサイクルの中で「居場所・家・心」を整理し直すとき。

21 日　プレゼントの日
人から貴重なものを受け取れる。提案を受ける場面も。
◆冥王星が「家」のハウスへ。ここから2043年頃にかけ、居場所が「再生」する。家族関係の刷新。

22 月　プレゼントの日
人から貴重なものを受け取れる。提案を受ける場面も。

23 火　プレゼントの日 ▶ 旅の日　　　　　　　　　　[ボイド] 05:42〜06:52
遠い場所との間に、橋が架かり始める。
◆金星が「コミュニケーション」のハウスへ。喜びある学び、対話、外出。言葉による優しさ、愛の伝達。

24 水　旅の日
遠出したり、遠くから人が訪ねてくれたりする日。発信力も増す。

25 木　旅の日 ▶ 達成の日　　　　　　　　　　　　[ボイド] 08:00〜16:38
意欲が湧く。はっきりした成果が出る時間へ。

26 金　○ 達成の日
目標に手が届く。結果が出る日。人から認められる場面も。
☾「目標と結果」のハウスで満月。目標達成のとき。社会的立場が一段階上がるような節目。

27 土　達成の日　　　　　　　　　　　　　　　　[ボイド] 06:21〜
目標に手が届く。結果が出る日。人から認められる場面も。
◆天王星が「他者」のハウスで順行へ。人間関係をより自立した対等なものへと構築し直せる。

28 日　達成の日 ▶ 友だちの日　　　　　　　　　　[ボイド] 〜04:13
肩の力が抜け、伸びやかな気持ちになれる。

29 月　友だちの日
未来のプランを立てる。友だちと過ごせる。チームワーク。

30 火　友だちの日 ▶ ひみつの日　　　　　　　　　[ボイド] 08:22〜17:06
ざわめきから少し離れたくなる。自分の時間。

31 水　ひみつの日
一人の時間。過去を振り返り、戦略を練る。自分を大事にする。

2 ·FEBRUARY·

1	木	ひみつの日 　　　　　　　　　　　　　　　　　　　[ボイド] 18:05〜 一人の時間。過去を振り返り、戦略を練る。自分を大事にする。
2	金	ひみつの日 ▶ スタートの日 　　　　　　　　　　　　[ボイド] 〜05:39 新しいことを始めやすい時間に切り替わる。
3	土	◗ スタートの日 主役の意識で動く。新しい選択肢を選べる。気持ちが切り替わる。
4	日	スタートの日 ▶ お金の日 　　　　　　　　　　　　　[ボイド] 12:26〜15:30 物質面・経済活動が活性化する時間に入る。
5	月	お金の日 いわゆる「金運がいい」日。実入りが良く、いい買い物もできそう。 ◆水星が「家」のハウスへ。来訪者。身近な人との対話。若々しい 風が居場所に吹き込む。
6	火	お金の日 ▶ メッセージの日 　　　　　　　　　　　　[ボイド] 14:08〜21:10 「動き」が出てくる。コミュニケーションの活性。
7	水	メッセージの日 待っていた朗報が届く。勉強が捗る。外に出たくなる日。
8	木	メッセージの日 ▶ 家の日 　　　　　　　　　　　　　[ボイド] 16:54〜23:01 生活環境や身内に目が向かう。原点回帰。
9	金	家の日 「普段の生活」が充実。身内との関係強化。環境改善ができる。
10	土	● 家の日 ▶ 愛の日 　　　　　　　　　　　　　　　[ボイド] 08:01〜22:44 愛の追い風が吹く。好きなことができる。 ◗「家」のハウスで新月。心の置き場所が新たに定まる。日常に新 しい風が吹き込む。
11	日	愛の日 愛について嬉しいことがある。子育て、趣味、創作にも追い風が。
12	月	愛の日 ▶ メンテナンスの日 　　　　　　　　　　　　[ボイド] 21:33〜22:27 「やりたいこと」から「やるべきこと」へのシフト。
13	火	メンテナンスの日 生活や心身の故障部分を修理できる。ケアしたり、されたり。 ◆火星が「家」のハウスへ。居場所を「動かす」時期。環境変化、引 越、家族との取り組み。
14	水	メンテナンスの日 　　　　　　　　　　　　　　　　　[ボイド] 19:22〜 生活や心身の故障部分を修理できる。ケアしたり、されたり。
15	木	メンテナンスの日 ▶ 人に会う日 　　　　　　　　　　[ボイド] 〜00:04 「自分の世界」から「外界」へ出るような節目。
16	金	人に会う日 人に会ったり、会う約束をしたりする日。出会いの気配も。

17 土
◐人に会う日 ▶ プレゼントの日   [ボイド] 00:02〜04:41
他者との関係に、さらに一歩踏み込めるように。
◆金星が「家」のハウスへ。身近な人とのあたたかな交流。愛着。居場所を美しくする。

18 日
プレゼントの日
人から貴重なものを受け取れる。提案を受ける場面も。

19 月
プレゼントの日 ▶ 旅の日   [ボイド] 12:22〜12:26
遠い場所との間に、橋が架かり始める。
◆太陽が「愛」のハウスへ。1年のサイクルの中で「愛・喜び・創造性」を再生するとき。

20 火
旅の日
遠出したり、遠くから人が訪ねてくれたりする日。発信力も増す。

21 水
旅の日 ▶ 達成の日   [ボイド] 15:39〜22:42
意欲が湧く。はっきりした成果が出る時間へ。

22 木
達成の日
目標に手が届く。結果が出る日。人から認められる場面も。

23 金
達成の日   [ボイド] 13:19〜
目標に手が届く。結果が出る日。人から認められる場面も。
◆水星が「愛」のハウスへ。愛に関する学び、教育。若々しい創造性、遊び。知的創造。

24 土
○達成の日 ▶ 友だちの日   [ボイド] 〜10:39
肩の力が抜け、伸びやかな気持ちになれる。
☽「夢と友」のハウスで満月。希望してきた条件が整う。友や仲間への働きかけが「実る」。

25 日
友だちの日
未来のプランを立てる。友だちと過ごせる。チームワーク。

26 月
友だちの日 ▶ ひみつの日   [ボイド] 16:37〜23:31
ざわめきから少し離れたくなる。自分の時間。

27 火
ひみつの日
一人の時間。過去を振り返り、戦略を練る。自分を大事にする。

28 水
ひみつの日   [ボイド] 03:23〜
一人の時間。過去を振り返り、戦略を練る。自分を大事にする。

29 木
ひみつの日 ▶ スタートの日   [ボイド] 〜12:11
新しいことを始めやすい時間に切り替わる。

3 ·MARCH·

1 金 スタートの日
主役の意識で動く。新しい選択肢を選べる。気持ちが切り替わる。

2 土 スタートの日 ▶ お金の日 　　　　　　　　　　[ボイド] 16:49〜22:58
物質面・経済活動が活性化する時間に入る。

3 日 お金の日
いわゆる「金運がいい」日。実入りが良く、いい買い物もできそう。

4 月 ◐お金の日
いわゆる「金運がいい」日。実入りが良く、いい買い物もできそう。

5 火 お金の日 ▶ メッセージの日 　　　　　　　　　[ボイド] 00:42〜06:17
「動き」が出てくる。コミュニケーションの活性。

6 水 メッセージの日
待っていた朗報が届く。勉強が捗る。外に出たくなる日。

7 木 メッセージの日 ▶ 家の日 　　　　　　　　　　[ボイド] 04:37〜09:40
生活環境や身内に目が向かう。原点回帰。

8 金 家の日
「普段の生活」が充実。身内との関係強化。環境改善ができる。

9 土 家の日 ▶ 愛の日 　　　　　　　　　　　　　[ボイド] 03:57〜10:05
愛の追い風が吹く。好きなことができる。

10 日 ●愛の日
愛について嬉しいことがある。子育て、趣味、創作にも追い風が。
◆水星が「任務」のハウスへ。日常生活の整理、整備、健康チェック。心身の調律。☽「愛」のハウスで新月。愛が「生まれる」ようなタイミング。大切なものと結びつく。

11 月 愛の日 ▶ メンテナンスの日 　　　　　　　　[ボイド] 04:47〜09:21
「やりたいこと」から「やるべきこと」へのシフト。

12 火 メンテナンスの日 　　　　　　　　　　　　　[ボイド] 20:10〜
生活や心身の故障部分を修理できる。ケアしたり、されたり。
◆金星が「愛」のハウスへ。華やかな愛の季節の始まり。創造的活動への強い追い風。

13 水 メンテナンスの日 ▶ 人に会う日 　　　　　　[ボイド] 〜09:30
「自分の世界」から「外界」へ出るような節目。

14 木 人に会う日
人に会ったり、会う約束をしたりする日。出会いの気配も。

15 金 人に会う日 ▶ プレゼントの日 　　　　　　　[ボイド] 07:31〜12:17
他者との関係に、さらに一歩踏み込めるように。

16 土 プレゼントの日
人から貴重なものを受け取れる。提案を受ける場面も。

17 日 ◐プレゼントの日 ▶ 旅の日 　　　　　　　　[ボイド] 13:45〜18:42
遠い場所との間に、橋が架かり始める。

18	月	旅の日 遠出したり、遠くから人が訪ねてくれたりする日。発信力も増す。
19	火	旅の日 遠出したり、遠くから人が訪ねてくれたりする日。発信力も増す。
20	水	旅の日 ▶ 達成の日　　　　　　　　　　　　　[ボイド] 03:54〜04:34 意欲が湧く。はっきりした成果が出る時間へ。 ◆太陽が「任務」のハウスへ。1年のサイクルの中で「健康・任務・日常」を再構築するとき。
21	木	達成の日 目標に手が届く。結果が出る日。人から認められる場面も。
22	金	達成の日 ▶ 友だちの日　　　　　　　　　　　[ボイド] 15:36〜16:43 肩の力が抜け、伸びやかな気持ちになれる。
23	土	友だちの日 未来のプランを立てる。友だちと過ごせる。チームワーク。 ◆火星が「愛」のハウスへ。情熱的な愛、積極的自己表現。愛と理想のための戦い。
24	日	友だちの日 未来のプランを立てる。友だちと過ごせる。チームワーク。
25	月	○友だちの日 ▶ ひみつの日　　　　　　　　　[ボイド] 00:51〜05:39 ざわめきから少し離れたくなる。自分の時間。 ◗「ひみつ」のハウスで月食。心の中で不思議な「解放」が起こりそう。精神的脱皮。
26	火	ひみつの日 一人の時間。過去を振り返り、戦略を練る。自分を大事にする。
27	水	ひみつの日 ▶ スタートの日　　　　　　　　　[ボイド] 08:11〜18:04 新しいことを始めやすい時間に切り替わる。
28	木	スタートの日 主役の意識で動く。新しい選択肢を選べる。気持ちが切り替わる。
29	金	スタートの日 主役の意識で動く。新しい選択肢を選べる。気持ちが切り替わる。
30	土	スタートの日 ▶ お金の日　　　　　　　　　　[ボイド] 00:41〜04:53 物質面・経済活動が活性化する時間に入る。
31	日	お金の日 いわゆる「金運がいい」日。実入りが良く、いい買い物もできそう。

4 ·APRIL·

1	月	お金の日 ▶ メッセージの日　　　　　　　　　　　[ボイド] 09:18〜13:07
		「動き」が出てくる。コミュニケーションの活性。

2	火	◗ メッセージの日
		待っていた朗報が届く。勉強が捗る。外に出たくなる日。
		◆水星が「任務」のハウスで逆行開始。生活態度の見直し、責任範囲の再構築。修理。

3	水	メッセージの日 ▶ 家の日　　　　　　　　　　　　[ボイド] 14:42〜18:09
		生活環境や身内に目が向かう。原点回帰。

4	木	家の日
		「普段の生活」が充実。身内との関係強化。環境改善ができる。

5	金	家の日 ▶ 愛の日　　　　　　　　　　　　　　　[ボイド] 14:41〜20:14
		愛の追い風が吹く。好きなことができる。
		◆金星が「任務」のハウスへ。美しい生活スタイルの実現。美のための習慣。楽しい仕事。

6	土	愛の日
		愛について嬉しいことがある。子育て、趣味、創作にも追い風が。

7	日	愛の日 ▶ メンテナンスの日　　　　　　　　　　[ボイド] 17:29〜20:26
		「やりたいこと」から「やるべきこと」へのシフト。

8	月	メンテナンスの日
		生活や心身の故障部分を修理できる。ケアしたり、されたり。

9	火	● メンテナンスの日 ▶ 人に会う日　　　　　　　[ボイド] 11:40〜20:25
		「自分の世界」から「外界」へ出るような節目。
		◗「任務」のハウスで日食。特別な形で新しい生活が始まる。心身の健康が転換点に。

10	水	人に会う日
		人に会ったり、会う約束をしたりする日。出会いの気配も。

11	木	人に会う日 ▶ プレゼントの日　　　　　　　　　[ボイド] 19:06〜22:00
		他者との関係に、さらに一歩踏み込めるように。

12	金	プレゼントの日
		人から貴重なものを受け取れる。提案を受ける場面も。

13	土	プレゼントの日　　　　　　　　　　　　　　　　[ボイド] 23:48〜
		人から貴重なものを受け取れる。提案を受ける場面も。

14	日	プレゼントの日 ▶ 旅の日　　　　　　　　　　　[ボイド] 〜02:47
		遠い場所との間に、橋が架かり始める。

15	月	旅の日
		遠出したり、遠くから人が訪ねてくれたりする日。発信力も増す。

16	火	◖ 旅の日 ▶ 達成の日　　　　　　　　　　　　　[ボイド] 08:24〜11:26
		意欲が湧く。はっきりした成果が出る時間へ。

17 水
達成の日
目標に手が届く。結果が出る日。人から認められる場面も。

18 木
達成の日 ▶ 友だちの日 [ボイド] 21:04〜23:12
肩の力が抜け、伸びやかな気持ちになれる。

19 金
友だちの日
未来のプランを立てる。友だちと過ごせる。チームワーク。
◆太陽が「他者」のハウスへ。1年のサイクルの中で人間関係を「結び直す」とき。

20 土
友だちの日
未来のプランを立てる。友だちと過ごせる。チームワーク。

21 日
友だちの日 ▶ ひみつの日 [ボイド] 09:21〜12:10
ざわめきから少し離れたくなる。自分の時間。

22 月
ひみつの日
一人の時間。過去を振り返り、戦略を練る。自分を大事にする。

23 火
ひみつの日 [ボイド] 08:26〜
一人の時間。過去を振り返り、戦略を練る。自分を大事にする。

24 水
○*ひみつの日 ▶ スタートの日* [ボイド] 〜00:21
新しいことを始めやすい時間に切り替わる。
☽「自分」のハウスで満月。現在の自分を受け入れられる。誰かに受け入れてもらえる。

25 木
スタートの日
主役の意識で動く。新しい選択肢を選べる。気持ちが切り替わる。
◆水星が「任務」のハウスで順行へ。体調が整い、やるべきことがはっきり見えてくる。

26 金
スタートの日 ▶ お金の日 [ボイド] 08:18〜10:39
物質面・経済活動が活性化する時間に入る。

27 土
お金の日
いわゆる「金運がいい」日。実入りが良く、いい買い物もできそう。

28 日
お金の日 ▶ メッセージの日 [ボイド] 16:33〜18:39
「動き」が出てくる。コミュニケーションの活性。

29 月
メッセージの日
待っていた朗報が届く。勉強が捗る。外に出たくなる日。
◆金星が「他者」のハウスへ。人間関係から得られる喜び。愛あるパートナーシップ。

30 火
メッセージの日
待っていた朗報が届く。勉強が捗る。外に出たくなる日。

5 ·MAY·

1	水	◑メッセージの日 ▶ 家の日　　　　　　　　　　[ボイド] 00:20〜00:21 生活環境や身内に目が向かう。原点回帰。 ◆火星が「任務」のハウスへ。多忙期へ。長く走り続けるための必要条件を、戦って勝ち取る。
2	木	家の日　　　　　　　　　　　　　　　　　　　[ボイド] 18:30〜 「普段の生活」が充実。身内との関係強化。環境改善ができる。
3	金	家の日 ▶ 愛の日　　　　　　　　　　　　　　[ボイド] 〜03:53 愛の追い風が吹く。好きなことができる。 ◆冥王星が「家」のハウスで逆行開始。居場所に求めるものが水面下で増えてゆく。
4	土	愛の日 愛について嬉しいことがある。子育て、趣味、創作にも追い風が。
5	日	愛の日 ▶ メンテナンスの日　　　　　　　　　[ボイド] 04:08〜05:42 「やりたいこと」から「やるべきこと」へのシフト。
6	月	メンテナンスの日　　　　　　　　　　　　　　[ボイド] 14:59〜 生活や心身の故障部分を修理できる。ケアしたり、されたり。
7	火	メンテナンスの日 ▶ 人に会う日　　　　　　　[ボイド] 〜06:44 「自分の世界」から「外界」へ出るような節目。
8	水	●人に会う日 人に会ったり、会う約束をしたりする日。出会いの気配も。 ☽「他者」のハウスで新月。出会いのとき。誰かとの関係が刷新。未来への約束を交わす。
9	木	人に会う日 ▶ プレゼントの日　　　　　　　　[ボイド] 06:57〜08:22 他者との関係に、さらに一歩踏み込めるように。
10	金	プレゼントの日 人から貴重なものを受け取れる。提案を受ける場面も。
11	土	プレゼントの日 ▶ 旅の日　　　　　　　　　　[ボイド] 10:51〜12:15 遠い場所との間に、橋が架かり始める。
12	日	旅の日 遠出したり、遠くから人が訪ねてくれたりする日。発信力も増す。
13	月	旅の日 ▶ 達成の日　　　　　　　　　　　　　[ボイド] 18:14〜19:38 意欲が湧く。はっきりした成果が出る時間へ。
14	火	達成の日 目標に手が届く。結果が出る日。人から認められる場面も。
15	水	達成の日 目標に手が届く。結果が出る日。人から認められる場面も。
16	木	達成の日 ▶ 友だちの日　　　　　　　　　　　[ボイド] 01:42〜06:34 肩の力が抜け、伸びやかな気持ちになれる。 ◆水星が「他者」のハウスへ。正面から向き合う対話。調整のための交渉。若い人との出会い。

17	金	友だちの日 未来のプランを立てる。友だちと過ごせる。チームワーク。
18	土	友だちの日 ▶ ひみつの日　　　　　　　　　　　[ボイド] 18:10〜19:24 ざわめきから少し離れたくなる。自分の時間。
19	日	ひみつの日 一人の時間。過去を振り返り、戦略を練る。自分を大事にする。
20	月	ひみつの日　　　　　　　　　　　　　　　　　[ボイド] 00:50〜 一人の時間。過去を振り返り、戦略を練る。自分を大事にする。 ◆太陽が「ギフト」のハウスへ。1年のサイクルの中で経済的授受 のバランスを見直すとき。
21	火	ひみつの日 ▶ スタートの日　　　　　　　　　　[ボイド] 〜07:36 新しいことを始めやすい時間に切り替わる。
22	水	スタートの日 主役の意識で動く。新しい選択肢を選べる。気持ちが切り替わる。
23	木	スタートの日 ▶ お金の日　　　　　　　　　　　[ボイド] 16:30〜17:26 物質面・経済活動が活性化する時間に入る。 🌙「生産」のハウスで満月。経済的・物質的な努力が実り、収穫が 得られる。豊かさ、満足。
24	金	お金の日 いわゆる「金運がいい」日。実入りが良く、いい買い物もできそう。 ◆金星が「ギフト」のハウスへ。欲望の解放と調整、他者への要求、 他者からの要求。甘え。
25	土	お金の日　　　　　　　　　　　　　　　　　　[ボイド] 23:49〜 いわゆる「金運がいい」日。実入りが良く、いい買い物もできそう。
26	日	お金の日 ▶ メッセージの日　　　　　　　　　　[ボイド] 〜00:37 「動き」が出てくる。コミュニケーションの活性。 ◆木星が「ギフト」のハウスへ。約12年に一度の「ギフト」を受け取 る1年に入っていく。
27	月	メッセージの日 待っていた朗報が届く。勉強が捗る。外に出たくなる日。
28	火	メッセージの日 ▶ 家の日　　　　　　　　　　　[ボイド] 05:04〜05:46 生活環境や身内に目が向かう。原点回帰。
29	水	家の日　　　　　　　　　　　　　　　　　　　[ボイド] 23:22〜 「普段の生活」が充実。身内との関係強化。環境改善ができる。
30	木	家の日 ▶ 愛の日　　　　　　　　　　　　　　　[ボイド] 〜09:34 愛の追い風が吹く。好きなことができる。
31	金	◗愛の日 愛について嬉しいことがある。子育て、趣味、創作にも追い風が。

6 ·JUNE·

1 土
愛の日 ▶ メンテナンスの日 　　　　　　　　　[ボイド] 11:56〜12:30
「やりたいこと」から「やるべきこと」へのシフト。

2 日
メンテナンスの日
生活や心身の故障部分を修理できる。ケアしたり、されたり。

3 月
メンテナンスの日 ▶ 人に会う日 　　　　　　　[ボイド] 07:05〜14:57
「自分の世界」から「外界」へ出るような節目。
◆水星が「ギフト」のハウスへ。利害のマネジメント。コンサルテーション。カウンセリング。

4 火
人に会う日
人に会ったり、会う約束をしたりする日。出会いの気配も。

5 水
人に会う日 ▶ プレゼントの日 　　　　　　　　[ボイド] 17:11〜17:38
他者との関係に、さらに一歩踏み込めるように。

6 木
●プレゼントの日
人から貴重なものを受け取れる。提案を受ける場面も。
◗「ギフト」のハウスで新月。心の扉を開く。誰かに導かれての経験。ギフトから始まること。

7 金
プレゼントの日 ▶ 旅の日 　　　　　　　　　　[ボイド] 21:17〜21:43
遠い場所との間に、橋が架かり始める。

8 土
旅の日
遠出したり、遠くから人が訪ねてくれたりする日。発信力も増す。

9 日
旅の日
遠出したり、遠くから人が訪ねてくれたりする日。発信力も増す。
◆火星が「他者」のハウスへ。摩擦を怖れぬ対決。一対一の勝負。攻めの交渉。他者からの刺激。

10 月
旅の日 ▶ 達成の日 　　　　　　　　　　　　　[ボイド] 04:07〜04:30
意欲が湧く。はっきりした成果が出る時間へ。

11 火
達成の日
目標に手が届く。結果が出る日。人から認められる場面も。

12 水
達成の日 ▶ 友だちの日 　　　　　　　　　　　[ボイド] 04:18〜14:40
肩の力が抜け、伸びやかな気持ちになれる。

13 木
友だちの日
未来のプランを立てる。友だちと過ごせる。チームワーク。

14 金
●友だちの日
未来のプランを立てる。友だちと過ごせる。チームワーク。

15 土
友だちの日 ▶ ひみつの日 　　　　　　　　　　[ボイド] 02:55〜03:14
ざわめきから少し離れたくなる。自分の時間。

16 日
ひみつの日
一人の時間。過去を振り返り、戦略を練る。自分を大事にする。

17 月

ひみつの日 ▶ スタートの日

新しいことを始めやすい時間に切り替わる。
◆金星が「旅」のハウスへ。楽しい旅の始まり、旅の仲間。研究の果実。距離を越える愛。◆水星が「旅」のハウスへ。軽やかな旅立ち。勉強や研究に追い風が。導き手に恵まれる。

---

18 火

スタートの日

主役の意識で動く。新しい選択肢を選べる。気持ちが切り替わる。

---

19 水

スタートの日

主役の意識で動く。新しい選択肢を選べる。気持ちが切り替わる。

---

20 木

スタートの日 ▶ お金の日

物質面・経済活動が活性化する時間に入る。

---

21 金

お金の日

いわゆる「金運がいい」日。実入りが良く、いい買い物もできそう。
◆太陽が「旅」のハウスへ。1年のサイクルの中で「精神的成長」を確認するとき。

---

22 土

○お金の日 ▶ メッセージの日

「動き」が出てくる。コミュニケーションの活性。
☽「コミュニケーション」のハウスで満月。重ねてきた勉強や対話が実を結ぶとき。意思疎通が叶う。

---

23 日

メッセージの日

待っていた朗報が届く。勉強が捗る。外に出たくなる日。

---

24 月

メッセージの日 ▶ 家の日

生活環境や身内に目が向かう。原点回帰。

---

25 火

家の日

「普段の生活」が充実。身内との関係強化。環境改善ができる。

---

26 水

家の日 ▶ 愛の日

愛の追い風が吹く。好きなことができる。

---

27 木

愛の日

愛について嬉しいことがある。子育て、趣味、創作にも追い風が。

---

28 金

愛の日 ▶ メンテナンスの日

「やりたいこと」から「やるべきこと」へのシフト。

---

29 土

◑メンテナンスの日

生活や心身の故障部分を修理できる。ケアしたり、されたり。

---

30 日

メンテナンスの日 ▶ 人に会う日

「自分の世界」から「外界」へ出るような節目。
◆土星が「愛」のハウスで逆行開始。愛に関する緊張感や孤独が軽くなっていく。

7 ·JULY·

1 月
人に会う日
人に会ったり、会う約束をしたりする日。出会いの気配も。

2 火
人に会う日
人に会ったり、会う約束をしたりする日。出会いの気配も。
◆海王星が「愛」のハウスで逆行開始。自分の中にある愛のもつれを「解きほぐす」作業へ。◆水星が「目標と結果」のハウスへ。ここから忙しくなる。新しい課題、ミッション、使命。

3 水
人に会う日 ▶ プレゼントの日　　　　　　　　　[ボイド] 00:45〜00:52
他者との関係に、さらに一歩踏み込めるように。

4 木
プレゼントの日
人から貴重なものを受け取れる。提案を受ける場面も。

5 金
プレゼントの日 ▶ 旅の日　　　　　　　　　　　[ボイド] 05:45〜05:53
遠い場所との間に、橋が架かり始める。

6 土
●旅の日
遠出したり、遠くから人が訪ねてくれたりする日。発信力も増す。
☽「旅」のハウスで新月。旅に出発する。専門分野を開拓し始める。矢文を放つ。

7 日
旅の日 ▶ 達成の日　　　　　　　　　　　　　[ボイド] 12:49〜12:57
意欲が湧く。はっきりした成果が出る時間へ。

8 月
達成の日
目標に手が届く。結果が出る日。人から認められる場面も。

9 火
達成の日 ▶ 友だちの日　　　　　　　　　　　[ボイド] 15:05〜22:49
肩の力が抜け、伸びやかな気持ちになれる。

10 水
友だちの日
未来のプランを立てる。友だちと過ごせる。チームワーク。

11 木
友だちの日
未来のプランを立てる。友だちと過ごせる。チームワーク。

12 金
友だちの日 ▶ ひみつの日　　　　　　　　　　[ボイド] 10:57〜11:08
ざわめきから少し離れたくなる。自分の時間。
◆金星が「目標と結果」のハウスへ。目標達成と勲章。気軽に掴めるチャンス。嬉しい配役。

13 土
ひみつの日
一人の時間。過去を振り返り、戦略を練る。自分を大事にする。

14 日
◖ひみつの日 ▶ スタートの日　　　　　　　　　[ボイド] 07:50〜23:54
新しいことを始めやすい時間に切り替わる。

15 月
スタートの日
主役の意識で動く。新しい選択肢を選べる。気持ちが切り替わる。

16 火
スタートの日
主役の意識で動く。新しい選択肢を選べる。気持ちが切り替わる。

17 水　スタートの日 ▶ お金の日　　　　　　　　　　[ボイド] 10:12〜10:26
物質面・経済活動が活性化する時間に入る。

18 木　お金の日
いわゆる「金運がいい」日。実入りが良く、いい買い物もできそう。

19 金　お金の日 ▶ メッセージの日　　　　　　　　　[ボイド] 17:00〜17:15
「動き」が出てくる。コミュニケーションの活性。

20 土　メッセージの日
待っていた朗報が届く。勉強が捗る。外に出たくなる日。

21 日　○ メッセージの日 ▶ 家の日　　　　　　　　　[ボイド] 20:28〜20:45
生活環境や身内に目が向かう。原点回帰。
◆火星が「ギフト」のハウスへ。誘惑と情熱の呼応。生命の融合。
精神的支配。配当。負債の解消。☽「コミュニケーション」のハウス
で満月。重ねてきた勉強や対話が実を結ぶとき。意思疎通が叶う。

22 月　家の日
「普段の生活」が充実。身内との関係強化。環境改善ができる。
◆太陽が「目標と結果」のハウスへ。1年のサイクルの中で「目標と
達成」を確認するとき。

23 火　家の日 ▶ 愛の日　　　　　　　　　　　　[ボイド] 19:00〜22:25
愛の追い風が吹く。好きなことができる。

24 水　愛の日
愛について嬉しいことがある。子育て、趣味、創作にも追い風が。

25 木　愛の日 ▶ メンテナンスの日　　　　　　　　[ボイド] 23:33〜23:54
「やりたいこと」から「やるべきこと」へのシフト。

26 金　メンテナンスの日
生活や心身の故障部分を修理できる。ケアしたり、されたり。
◆水星が「夢と友」のハウスへ。仲間に恵まれる爽やかな季節。友
と夢を語れる。新しい計画。

27 土　メンテナンスの日　　　　　　　　　　　　[ボイド] 07:16〜
生活や心身の故障部分を修理できる。ケアしたり、されたり。

28 日　◑ メンテナンスの日 ▶ 人に会う日　　　　　[ボイド] 〜02:24
「自分の世界」から「外界」へ出るような節目。

29 月　人に会う日
人に会ったり、会う約束をしたりする日。出会いの気配も。

30 火　人に会う日 ▶ プレゼントの日　　　　　　　[ボイド] 06:01〜06:29
他者との関係に、さらに一歩踏み込めるように。

31 水　プレゼントの日
人から貴重なものを受け取れる。提案を受ける場面も。

8 ·AUGUST·

1 木 プレゼントの日 ▶ 旅の日   [ボイド] 11:48〜12:21
遠い場所との間に、橋が架かり始める。

2 金 旅の日
遠出したり、遠くから人が訪ねてくれたりする日。発信力も増す。

3 土 旅の日 ▶ 達成の日   [ボイド] 19:33〜20:11
意欲が湧く。はっきりした成果が出る時間へ。

4 日 ●達成の日
目標に手が届く。結果が出る日。人から認められる場面も。
☽「目標と結果」のハウスで新月。新しいミッションがスタートするとき。目的意識が定まる。

5 月 達成の日
目標に手が届く。結果が出る日。人から認められる場面も。
◆金星が「夢と友」のハウスへ。友や仲間との交流が華やかに。「恵み」を受け取れる。◆水星が「夢と友」のハウスで逆行開始。古い交友関係の復活、過去からもたらされる恵み。

6 火 達成の日 ▶ 友だちの日   [ボイド] 00:18〜06:18
肩の力が抜け、伸びやかな気持ちになれる。

7 水 友だちの日
未来のプランを立てる。友だちと過ごせる。チームワーク。

8 木 友だちの日 ▶ ひみつの日   [ボイド] 17:42〜18:33
ざわめきから少し離れたくなる。自分の時間。

9 金 ひみつの日
一人の時間。過去を振り返り、戦略を練る。自分を大事にする。

10 土 ひみつの日   [ボイド] 06:46〜
一人の時間。過去を振り返り、戦略を練る。自分を大事にする。

11 日 ひみつの日 ▶ スタートの日   [ボイド] 〜07:35
新しいことを始めやすい時間に切り替わる。

12 月 スタートの日
主役の意識で動く。新しい選択肢を選べる。気持ちが切り替わる。

13 火 ●スタートの日 ▶ お金の日   [ボイド] 18:03〜19:02
物質面・経済活動が活性化する時間に入る。

14 水 お金の日
いわゆる「金運がいい」日。実入りが良く、いい買い物もできそう。

15 木 お金の日
いわゆる「金運がいい」日。実入りが良く、いい買い物もできそう。
◆逆行中の水星が「目標と結果」のハウスへ。一度達成した目標を更に超えてゆく準備。

16 金 お金の日 ▶ メッセージの日   [ボイド] 01:54〜02:53
「動き」が出てくる。コミュニケーションの活性。

17	土	メッセージの日
		待っていた朗報が届く。勉強が捗る。外に出たくなる日。

18	日	メッセージの日 ▶ 家の日　　　　　　　　　　[ボイド] 05:45〜06:46
		生活環境や身内に目が向かう。原点回帰。

19	月	家の日
		「普段の生活」が充実。身内との関係強化。環境改善ができる。

20	火	○家の日 ▶ 愛の日　　　　　　　　　　　　[ボイド] 03:27〜07:53
		愛の追い風が吹く。好きなことができる。
		☾「家」のハウスで満月。居場所が「定まる」。身近な人との間で「心満ちる」とき。

21	水	愛の日
		愛について嬉しいことがある。子育て、趣味、創作にも追い風が。

22	木	愛の日 ▶ メンテナンスの日　　　　　　　　[ボイド] 06:56〜08:03
		「やりたいこと」から「やるべきこと」へのシフト。
		◆太陽が「夢と友」のハウスへ。1年のサイクルの中で「友」「未来」に目を向ける季節へ。

23	金	メンテナンスの日　　　　　　　　　　　　　[ボイド] 21:46〜
		生活や心身の故障部分を修理できる。ケアしたり、されたり。

24	土	メンテナンスの日 ▶ 人に会う日　　　　　　[ボイド] 〜09:02
		「自分の世界」から「外界」へ出るような節目。

25	日	人に会う日
		人に会ったり、会う約束をしたりする日。出会いの気配も。

26	月	◑人に会う日 ▶ プレゼントの日　　　　　　[ボイド] 10:42〜12:06
		他者との関係に、さらに一歩踏み込めるように。

27	火	プレゼントの日
		人から貴重なものを受け取れる。提案を受ける場面も。

28	水	プレゼントの日 ▶ 旅の日　　　　　　　　　[ボイド] 16:15〜17:49
		遠い場所との間に、橋が架かり始める。

29	木	旅の日
		遠出したり、遠くから人が訪ねてくれたりする日。発信力も増す。
		◆水星が「目標と結果」のハウスで順行へ。仕事や対外的活動に関する足止めが解除される。◆金星が「ひみつ」のハウスへ。これ以降、純粋な愛情から行動できる。一人の時間の充実も。

30	金	旅の日
		遠出したり、遠くから人が訪ねてくれたりする日。発信力も増す。

31	土	旅の日 ▶ 達成の日　　　　　　　　　　　　[ボイド] 00:26〜02:11
		意欲が湧く。はっきりした成果が出る時間へ。

9 ·SEPTEMBER·

1	日	達成の日 目標に手が届く。結果が出る日。人から認められる場面も。
2	月	達成の日 ▶ 友だちの日　　　　　　　　　　　　　　　　[ボイド] 09:27〜12:50 肩の力が抜け、伸びやかな気持ちになれる。 ◆天王星が「他者」のハウスで逆行開始。人間関係を今までとは別の目で見つめる。◆逆行中の冥王星が「コミュニケーション」のハウスへ。2008年頃からの対話の深化を振り返る時間に入る。
3	火	●友だちの日 未来のプランを立てる。友だちと過ごせる。チームワーク。 🌙「夢と友」のハウスで新月。新しい仲間や友に出会えるとき。夢が生まれる。迷いが晴れる。
4	水	友だちの日 未来のプランを立てる。友だちと過ごせる。チームワーク。
5	木	友だちの日 ▶ ひみつの日　　　　　　　　　　　　　　　[ボイド] 01:08〜01:13 ざわめきから少し離れたくなる。自分の時間。 ◆火星が「旅」のハウスへ。ここから「遠征」「挑戦の旅」に出発する人も。学びへの情熱。
6	金	ひみつの日 一人の時間。過去を振り返り、戦略を練る。自分を大事にする。
7	土	ひみつの日 ▶ スタートの日　　　　　　　　　　　　　　[ボイド] 14:10〜14:20 新しいことを始めやすい時間に切り替わる。
8	日	スタートの日 主役の意識で動く。新しい選択肢を選べる。気持ちが切り替わる。
9	月	スタートの日 主役の意識で動く。新しい選択肢を選べる。気持ちが切り替わる。 ◆再び水星が「夢と友」のハウスへ。これ以降、改めて新しい計画を立てられるようになる。
10	火	スタートの日 ▶ お金の日　　　　　　　　　　　　　　　[ボイド] 02:13〜02:27 物質面・経済活動が活性化する時間に入る。
11	水	◑お金の日 いわゆる「金運がいい」日。実入りが良く、いい買い物もできそう。
12	木	お金の日 ▶ メッセージの日　　　　　　　　　　　　　　[ボイド] 09:22〜11:39 「動き」が出てくる。コミュニケーションの活性。
13	金	メッセージの日 待っていた朗報が届く。勉強が捗る。外に出たくなる日。
14	土	メッセージの日 ▶ 家の日　　　　　　　　　　　　　　　[ボイド] 16:36〜16:55 生活環境や身内に目が向かう。原点回帰。
15	日	家の日 「普段の生活」が充実。身内との関係強化。環境改善ができる。

16 月 　家の日 ▶ 愛の日 　　　　　　　　　　　　　［ボイド］14:06〜18:41
愛の追い風が吹く。好きなことができる。

17 火 　愛の日
愛について嬉しいことがある。子育て、趣味、創作にも追い風が。

18 水 　○愛の日 ▶ メンテナンスの日 　　　　　　　　　［ボイド］18:04〜18:26
「やりたいこと」から「やるべきこと」へのシフト。
☽「愛」のハウスで月食。愛が特別な形で「満ちる」節目。愛のマイルストーン。

19 木 　メンテナンスの日
生活や心身の故障部分を修理できる。ケアしたり、されたり。

20 金 　メンテナンスの日 ▶ 人に会う日 　　　　　　　　［ボイド］17:40〜18:04
「自分の世界」から「外界」へ出るような節目。

21 土 　人に会う日
人に会ったり、会う約束をしたりする日。出会いの気配も。

22 日 　人に会う日 ▶ プレゼントの日 　　　　　　　　　［ボイド］19:16〜19:26
他者との関係に、さらに一歩踏み込めるように。
◆太陽が「ひみつ」のハウスへ。新しい1年を目前にしての、振り返りと準備の時期。

23 月 　プレゼントの日
人から貴重なものを受け取れる。提案を受ける場面も。
◆金星が「自分」のハウスに。あなたの魅力が輝く季節の到来。愛に恵まれる楽しい日々へ。

24 火 　プレゼントの日 ▶ 旅の日 　　　　　　　　　　　［ボイド］21:01〜23:52
遠い場所との間に、橋が架かり始める。

25 水 　◑旅の日
遠出したり、遠くから人が訪ねてくれたりする日。発信力も増す。

26 木 　旅の日
遠出したり、遠くから人が訪ねてくれたりする日。発信力も増す。
◆水星が「ひみつ」のハウスへ。思考が深まる。思索、瞑想、誰かのための勉強。記録の精査。

27 金 　旅の日 ▶ 達成の日 　　　　　　　　　　　　　　［ボイド］07:14〜07:49
意欲が湧く。はっきりした成果が出る時間へ。

28 土 　達成の日
目標に手が届く。結果が出る日。人から認められる場面も。

29 日 　達成の日 ▶ 友だちの日 　　　　　　　　　　　　［ボイド］12:37〜18:43
肩の力が抜け、伸びやかな気持ちになれる。

30 月 　友だちの日
未来のプランを立てる。友だちと過ごせる。チームワーク。

10 ・OCTOBER・

1 火
友だちの日
未来のプランを立てる。友だちと過ごせる。チームワーク。

2 水
友だちの日 ▶ ひみつの日 　　　　　　　　　[ボイド] 06:41〜07:21
ざわめきから少し離れたくなる。自分の時間。

3 木
●ひみつの日
一人の時間。過去を振り返り、戦略を練る。自分を大事にする。
◗「ひみつ」のハウスで日食。精神の「復活」。心の中の新しい扉が開かれる。桎梏(しっこく)からの自由。

4 金
ひみつの日 ▶ スタートの日 　　　　　　　　[ボイド] 19:42〜20:24
新しいことを始めやすい時間に切り替わる。

5 土
スタートの日
主役の意識で動く。新しい選択肢を選べる。気持ちが切り替わる。

6 日
スタートの日
主役の意識で動く。新しい選択肢を選べる。気持ちが切り替わる。

7 月
スタートの日 ▶ お金の日 　　　　　　　　　[ボイド] 07:54〜08:36
物質面・経済活動が活性化する時間に入る。

8 火
お金の日
いわゆる「金運がいい」日。実入りが良く、いい買い物もできそう。

9 水
お金の日 ▶ メッセージの日 　　　　　　　　[ボイド] 14:55〜18:40
「動き」が出てくる。コミュニケーションの活性。
◆木星が「ギフト」のハウスで逆行開始。人から受け取るリソースを精査し始める。内容の理解。

10 木
メッセージの日
待っていた朗報が届く。勉強が捗る。外に出たくなる日。

11 金
◑メッセージの日
待っていた朗報が届く。勉強が捗る。外に出たくなる日。

12 土
メッセージの日 ▶ 家の日 　　　　　　　　　[ボイド] 00:55〜01:33
生活環境や身内に目が向かう。原点回帰。
◆冥王星が「コミュニケーション」のハウスで順行へ。知識欲やコミュニケーション欲求の波に乗る。

13 日
家の日 　　　　　　　　　　　　　　　　　[ボイド] 23:12〜
「普段の生活」が充実。身内との関係強化。環境改善ができる。

14 月
家の日 ▶ 愛の日 　　　　　　　　　　　　　[ボイド] 〜04:57
愛の追い風が吹く。好きなことができる。
◆水星が「自分」のハウスへ。知的活動が活性化。若々しい気持ち、行動力。発言力の強化。

15 火
愛の日
愛について嬉しいことがある。子育て、趣味、創作にも追い風が。

16 水 愛の日 ▶ メンテナンスの日   ［ボイド］05:02〜05:36
「やりたいこと」から「やるべきこと」へのシフト。

17 木 ○メンテナンスの日
生活や心身の故障部分を修理できる。ケアしたり、されたり。
☽「任務」のハウスで満月。日々の努力や蓄積が「実る」。自他の体調のケアに留意。

18 金 メンテナンスの日 ▶ 人に会う日   ［ボイド］04:28〜05:01
「自分の世界」から「外界」へ出るような節目。
◆金星が「生産」のハウスへ。経済活動の活性化、上昇気流。物質的豊かさの開花。

19 土 人に会う日
人に会ったり、会う約束をしたりする日。出会いの気配も。

20 日 人に会う日 ▶ プレゼントの日   ［ボイド］04:35〜05:09
他者との関係に、さらに一歩踏み込めるように。

21 月 プレゼントの日
人から貴重なものを受け取れる。提案を受ける場面も。

22 火 プレゼントの日 ▶ 旅の日   ［ボイド］06:02〜07:51
遠い場所との間に、橋が架かり始める。

23 水 旅の日
遠出したり、遠くから人が訪ねてくれたりする日。発信力も増す。
◆太陽が「自分」のハウスへ。お誕生月の始まり、新しい1年への「扉」を開くとき。

24 木 ☽旅の日 ▶ 達成の日   ［ボイド］13:49〜14:26
意欲が湧く。はっきりした成果が出る時間へ。

25 金 達成の日
目標に手が届く。結果が出る日。人から認められる場面も。

26 土   ［ボイド］17:05〜
目標に手が届く。結果が出る日。人から認められる場面も。

27 日 達成の日 ▶ 友だちの日   ［ボイド］〜00:49
肩の力が抜け、伸びやかな気持ちになれる。

28 月 友だちの日
未来のプランを立てる。友だちと過ごせる。チームワーク。

29 火 友だちの日 ▶ ひみつの日   ［ボイド］12:56〜13:31
ざわめきから少し離れたくなる。自分の時間。

30 水 ひみつの日
一人の時間。過去を振り返り、戦略を練る。自分を大事にする。

31 木 ひみつの日
一人の時間。過去を振り返り、戦略を練る。自分を大事にする。

11 ·NOVEMBER·

1 金
● ひみつの日 ▶ スタートの日　　　　　　　　　　[ボイド] 01:59～02:31
🌙「自分」のハウスで新月。大切なことがスタートする節目。フレッシュな「切り替え」。

2 土
スタートの日
主役の意識で動く。新しい選択肢を選べる。気持ちが切り替わる。

3 日
スタートの日 ▶ お金の日　　　　　　　　　　　　[ボイド] 13:53～14:21
物質面・経済活動が活性化する時間に入る。
◆水星が「生産」のハウスへ。経済活動に知性を活かす。情報収集、経営戦略。在庫整理。

4 月
お金の日
いわゆる「金運がいい」日。実入りが良く、いい買い物もできそう。
◆火星が「目標と結果」のハウスへ。キャリアや社会的立場における「勝負」の季節へ。挑戦の時間。

5 火
お金の日　　　　　　　　　　　　　　　　　　　[ボイド] 19:25～
いわゆる「金運がいい」日。実入りが良く、いい買い物もできそう。

6 水
お金の日 ▶ メッセージの日　　　　　　　　　　　[ボイド] ～00:19
「動き」が出てくる。コミュニケーションの活性。

7 木
メッセージの日
待っていた朗報が届く。勉強が捗る。外に出たくなる日。

8 金
メッセージの日 ▶ 家の日　　　　　　　　　　　　[ボイド] 07:39～07:59
生活環境や身内に目が向かう。原点回帰。

9 土
家の日
「普段の生活」が充実。身内との関係強化。環境改善ができる。

10 日
家の日 ▶ 愛の日　　　　　　　　　　　　　　　　[ボイド] 09:25～13:02
愛の追い風が吹く。好きなことができる。

11 月
愛の日
愛について嬉しいことがある。子育て、趣味、創作にも追い風が。

12 火
愛の日 ▶ メンテナンスの日　　　　　　　　　　　[ボイド] 15:15～15:27
「やりたいこと」から「やるべきこと」へのシフト。
◆金星が「コミュニケーション」のハウスへ。喜びある学び、対話、外出。言葉による優しさ、愛の伝達。

13 水
メンテナンスの日
生活や心身の故障部分を修理できる。ケアしたり、されたり。

14 木
メンテナンスの日 ▶ 人に会う日　　　　　　　　　[ボイド] 15:52～16:01
「自分の世界」から「外界」へ出るような節目。

15 金
人に会う日
人に会ったり、会う約束をしたりする日。出会いの気配も。
◆土星が「愛」のハウスで順行へ。一針一針愛を縫い上げる作業の再開。時間のかかる創造。

16 土	○人に会う日 ▶ プレゼントの日	[ボイド] 16:04〜16:10

他者との関係に、さらに一歩踏み込めるように。
☽「他者」のハウスで満月。誰かとの一対一の関係が「満ちる」。交渉の成立、契約。

17 日
プレゼントの日
人から貴重なものを受け取れる。提案を受ける場面も。

18 月
プレゼントの日 ▶ 旅の日　　　　　　　　　　[ボイド] 13:10〜17:51
遠い場所との間に、橋が架かり始める。

19 火
旅の日
遠出したり、遠くから人が訪ねてくれたりする日。発信力も増す。

20 水
旅の日 ▶ 達成の日　　　　　　　　　　　　[ボイド] 20:22〜22:53
意欲が湧く。はっきりした成果が出る時間へ。
◆冥王星が「家」のハウスへ。ここから2043年頃にかけ、居場所が「再生」する。家族関係の刷新。

21 木
達成の日
目標に手が届く。結果が出る日。人から認められる場面も。

22 金
達成の日　　　　　　　　　　　　　　　　[ボイド] 22:16〜
目標に手が届く。結果が出る日。人から認められる場面も。
◆太陽が「生産」のハウスへ。1年のサイクルの中で「物質的・経済的土台」を整備する。

23 土
達成の日 ▶ 友だちの日　　　　　　　　　　　[ボイド] 〜08:03
肩の力が抜け、伸びやかな気持ちになれる。

24 日
友だちの日
未来のプランを立てる。友だちと過ごせる。チームワーク。

25 月
友だちの日 ▶ ひみつの日　　　　　　　　　[ボイド] 14:37〜20:21
ざわめきから少し離れたくなる。自分の時間。

26 火
ひみつの日
一人の時間。過去を振り返り、戦略を練る。自分を大事にする。
◆水星が「生産」のハウスで逆行開始。経済活動に関する整理と記録。再計算。棚卸し。

27 水
ひみつの日　　　　　　　　　　　　　　　[ボイド] 18:16〜
一人の時間。過去を振り返り、戦略を練る。自分を大事にする。

28 木
ひみつの日 ▶ スタートの日　　　　　　　　　[ボイド] 〜09:22
新しいことを始めやすい時間に切り替わる。

29 金
スタートの日
主役の意識で動く。新しい選択肢を選べる。気持ちが切り替わる。

30 土
スタートの日 ▶ お金の日　　　　　　　　　[ボイド] 15:21〜20:55
物質面・経済活動が活性化する時間に入る。

12 ·DECEMBER·

1 日
●お金の日
いわゆる「金運がいい」日。実入りが良く、いい買い物もできそう。
☽「生産」のハウスで新月。新しい経済活動をスタートさせる。新しいものを手に入れる。

2 月
お金の日
いわゆる「金運がいい」日。実入りが良く、いい買い物もできそう。

3 火
お金の日 ▶ メッセージの日　　　　　　　　　　　[ボイド] 00:49〜06:11
「動き」が出てくる。コミュニケーションの活性化。

4 水
メッセージの日
待っていた朗報が届く。勉強が捗る。外に出たくなる日。

5 木
メッセージの日 ▶ 家の日　　　　　　　　　　　　[ボイド] 08:36〜13:23
生活環境や身内に目が向かう。原点回帰。

6 金
家の日
「普段の生活」が充実。身内との関係強化。環境改善ができる。

7 土
家の日 ▶ 愛の日　　　　　　　　　　　　　　　　[ボイド] 09:03〜18:51
愛の追い風が吹く。好きなことができる。
◆火星が「目標と結果」のハウスで逆行開始。挑戦することで取りこぼしたものを取り返せる。◆金星が「家」のハウスへ。身近な人とのあたたかな交流。愛着。居場所を美しくする。

8 日
愛の日
愛について嬉しいことがある。子育て、趣味、創作にも追い風が。
◆海王星が「愛」のハウスで順行へ。純粋な愛と創造の時間へ。心の深奥にあるものの解放。

9 月
●愛の日 ▶ メンテナンスの日　　　　　　　　　　[ボイド] 17:46〜22:39
「やりたいこと」から「やるべきこと」へのシフト。

10 火
メンテナンスの日
生活や心身の故障部分を修理できる。ケアしたり、されたり。

11 水
メンテナンスの日　　　　　　　　　　　　　　　　[ボイド] 07:15〜
生活や心身の故障部分を修理できる。ケアしたり、されたり。

12 木
メンテナンスの日 ▶ 人に会う日　　　　　　　　　[ボイド] 〜00:57
「自分の世界」から「外界」へ出るような節目。

13 金
人に会う日　　　　　　　　　　　　　　　　　　　[ボイド] 21:41〜
人に会ったり、会う約束をしたりする日。出会いの気配も。

14 土
人に会う日 ▶ プレゼントの日　　　　　　　　　　[ボイド] 〜02:23
他者との関係に、さらに一歩踏み込めるように。

15 日
○プレゼントの日　　　　　　　　　　　　　　　　[ボイド] 23:33〜
人から貴重なものを受け取れる。提案を受ける場面も。
☽「ギフト」のハウスで満月。人から「満を持して」手渡されるものがある。他者との融合。

16 月
プレゼントの日 ▶ 旅の日
[ボイド] 〜04:23
遠い場所との間に、橋が架かり始める。
◆水星が「生産」のハウスで順行へ。経済的混乱が解消していく。
物質面での整理を再開。

17 火
旅の日
遠出したり、遠くから人が訪ねてくれたりする日。発信力も増す。

18 水
旅の日 ▶ 達成の日
[ボイド] 03:35〜08:41
意欲が湧く。はっきりした成果が出る時間へ。

19 木
達成の日
目標に手が届く。結果が出る日。人から認められる場面も。

20 金
達成の日 ▶ 友だちの日
[ボイド] 14:21〜16:39
肩の力が抜け、伸びやかな気持ちになれる。

21 土
友だちの日
未来のプランを立てる。友だちと過ごせる。チームワーク。
◆太陽が「コミュニケーション」のハウスへ。1年のサイクルの中で
コミュニケーションを繋ぎ直すとき。

22 日
友だちの日
[ボイド] 22:29〜
未来のプランを立てる。友だちと過ごせる。チームワーク。

23 月
◗ 友だちの日 ▶ ひみつの日
[ボイド] 〜04:09
ざわめきから少し離れたくなる。自分の時間。

24 火
ひみつの日
[ボイド] 19:46〜
一人の時間。過去を振り返り、戦略を練る。自分を大事にする。

25 水
ひみつの日 ▶ スタートの日
[ボイド] 〜17:08
新しいことを始めやすい時間に切り替わる。

26 木
スタートの日
主役の意識で動く。新しい選択肢を選べる。気持ちが切り替わる。

27 金
スタートの日
[ボイド] 23:26〜
主役の意識で動く。新しい選択肢を選べる。気持ちが切り替わる。

28 土
スタートの日 ▶ お金の日
[ボイド] 〜04:48
物質面・経済活動が活性化する時間に入る。

29 日
お金の日
いわゆる「金運がいい」日。実入りが良く、いい買い物もできそう。

30 月
お金の日 ▶ メッセージの日
[ボイド] 08:36〜13:39
「動き」が出てくる。コミュニケーションの活性。

31 火
● メッセージの日
待っていた朗報が届く。勉強が捗る。外に出たくなる日。
◗「コミュニケーション」のハウスで新月。新しいコミュニケーション
が始まる。学び始める。朗報も。

参考 カレンダー解説の文字・線の色

あなたの星座にとって星の動きがどんな意味を
持つか、わかりやすくカレンダーに書き込んで
みたのが、P89からの「カレンダー解説」です。
色分けは厳密なものではありませんが、だいた
い以下のようなイメージで分けられています。

―― 赤色
インパクトの強い出来事、意欲や情熱、
パワーが必要な場面。

―― 水色
ビジネスや勉強、コミュニケーションなど、
知的な活動に関すること。

―― 紺色
重要なこと、長期的に大きな意味のある変化。
精神的な変化、健康や心のケアに関すること。

―― 緑色
居場所、家族に関すること。

―― ピンク色
愛や人間関係に関すること。嬉しいこと。

―― オレンジ色
経済活動、お金に関すること。

蠍座 2024年の
カレンダー解説

● 解説の文字・線の色のイメージは P.88 をご参照下さい ●

1 ·JANUARY·

mon	tue	wed	thu	fri	sat	sun
1	2	3	4	5	6	7
8	9	10	11	12	13	14
15	16	17	18	19	20	㉑
22	23	24	25	㉖	27	28
29	30	31				

1/14–2/13　熱いコミュニケーションが始まる。精力的に勉強できる時間帯へ。フットワーク良く動き回り、行動範囲を拡大できる。活き活きした好調さがある時。上昇気流に乗れる。

1/21　これ以降、身近な人から必要とされる場面が増えるかも。頼られたり、自分からしてあげたいことが増えたりする。家族や身内との紐帯が強まっていく。

1/26　大きな目標を達成できる。仕事や対外的な活動で大きな成果を挙げられる。

2 ·FEBRUARY·

mon	tue	wed	thu	fri	sat	sun
				1	2	3	4
5	6	7	8	9	⑩	11
12	⑬	14	15	16	17	18
19	20	21	22	23	24	25
26	27	28	29			

2/10　居場所に新しい風が吹き込む。家族や身近な人との関係が刷新される。家の中に新しいものが入る。

2/13–3/23　「居場所が動く」時。引っ越しや模様替え、家族構成の変化などが起こるかも。身近な人としっかり向き合い、思いをぶつけ合える。「腹を出してスッキリする」ような試みも。愛が増幅する。

3 · MARCH ·

mon	tue	wed	thu	fri	sat	sun
				1	2	3
4	5	6	7	8	9	(10)
11	12	13	14	15	16	17
18	19	20	21	22	23	24
(25)	26	27	28	29	30	31

4 · APRIL ·

mon	tue	wed	thu	fri	sat	sun
1	2	3	4	5	6	7
8	(9)	10	11	12	13	14
15	16	17	18	19	20	21
22	23	(24)	25	26	27	28
29	30					

3/10 「愛が生まれる」タイミング。好きになれることに出会える。恋に落ちる人も。クリエイティブな活動の新しいスタートライン。

3/12–5/1 「愛と情熱の季節」。恋愛には最強の追い風が吹き続ける。クリエイティブな活動にも素晴らしいチャンスが巡ってくる。

3/25 不思議な「救い」を得られる時。密かな心配事や悩みが、意外な形で解消する。

4/9 突然、新しい役割を引き受けることになるかも。面白い役柄が回ってくる。生活に新風が吹き込む。

4/19–5/24 2023年半ばからの「人間関係とパートナーシップの時間」がここで、クライマックスを迎える。人に恵まれる時。素敵な出会いの時。誰かとの親密な関係の中で、大切なドラマが進展する。

4/24 頑張ってきたことが認められ、大きく前進できる時。目指す場所に辿り着ける。一山越える時。大切なターニングポイント。

5 ·MAY·

mon	tue	wed	thu	fri	sat	sun
		1	2	3	4	5
6	7	⑧	9	10	11	12
13	14	15	16	17	18	19
20	21	22	23	24	25	㉖
27	28	29	30	31		

6 ·JUNE·

mon	tue	wed	thu	fri	sat	sun
					1	2
3	4	5	6	7	8	⑨
10	11	12	13	14	15	16
17	18	19	20	21	22	23
24	25	26	27	28	29	30

5/8 素敵な出会いの時。パートナーとの関係に新鮮な風が流れ込む。対話や交渉が始まる。

5/24-6/17 経済活動が一気に拡大する時。ギフトや嬉しいオファーなど、人から受け取れるものがたくさんある。パートナーや関係者の経済状況もどんどん好転していく。

5/26-2025/6/10「ギフトの時間」へ。人からたくさんの「恵み」を受け取れる1年。経済活動のスケールが一回り大きくなる。他者の財を扱う機会が増えそう。官能的な喜びの時間も増えるかも。人とあらゆる意味で「深いやりとり」ができる。

6/9-7/21 人間関係に熱がこもる。刺激的な人物、強烈な印象をまとう人物との出会い。タフな交渉や「対決」に臨む人も。

6/17-7/12 旅の季節。かなり遠くまで出かけていくことになりそう。精力的に学んで、大きな成果を挙げる人も。

7 ·JULY·

mon	tue	wed	thu	fri	sat	sun
1	②	3	4	5	6	7
8	9	10	11	12	13	14
15	16	17	18	19	20	21
22	23	24	25	26	27	28
29	30	31				

7/2-9/9 たくさんのチャンスが巡ってくる、活躍の時。複数のことが同時に始まり、てんやわんやになるかも。ガンガン「攻める」姿勢で挑みたい時。

7/21-9/5 経済活動が熱く盛り上がる。経済活動にまつわる人間関係に熱がこもる。パートナーの経済活動が活性期に。

8/4 大きな目標を達成できる。仕事や対外的な活動で大きな成果を挙げられる。

8 ·AUGUST·

mon	tue	wed	thu	fri	sat	sun
			1	2	3	④
5	6	7	8	9	10	11
12	13	14	15	16	17	18
19	⑳	21	22	23	24	25
26	27	28	29	30	31	

8/15-8/29 仕事や対外的な活動の場で、「立ち止まって振り返る」作業が発生する。やり直しや見直しから多くを得られる時。混乱や停滞があっても、時間が解決してくれる。

8/20 居場所や家族に関して、嬉しいことが起こりそう。身近な人への働きかけが実を結ぶ。「根を下ろす」実感。

9 · SEPTEMBER ·

mon	tue	wed	thu	fri	sat	sun
						1
2	3	4	⑤	6	7	8
9	10	11	12	13	14	15
16	17	⑱	19	20	21	22
23	24	25	26	27	28	29
30						

9/5–11/4 熱い「冒険と学びの時間」。熱い「師」に出会う人も。コミュニケーションにも熱がこもる。自分の「いつも通り」にこだわらず、敢えて自分らしくないやり方も試してみたい時。

9/18 「ミラクル」を感じるような愛のドラマが起こりそう。クリエイティブな活動に取り組んでいる人には、大きなチャンスが巡ってくるかも。

9/23–10/18 キラキラ輝くような、楽しい時間。愛にも強い光が射し込む。より魅力的に「変身」する人も。

10 · OCTOBER ·

mon	tue	wed	thu	fri	sat	sun
	1	2	③	4	5	6
7	8	9	10	11	12	13
14	15	16	⑰	18	19	20
21	22	23	24	25	26	27
28	29	30	31			

10/3 不思議な「救い」を得られる時。密かな心配事や悩みが意外な形で解消する。

10/17 人間関係が大きく進展する。誰かとの関係が深く、強くなる。交渉事がまとまる。相談の結論が出る。大事な約束を交わす人も。

10/18–11/12 経済的に嬉しいことが起こる。臨時収入が入ったり、欲しいものが手に入ったりする。「金運がいい」時。

11 ·NOVEMBER·

mon	tue	wed	thu	fri	sat	sun
				①	2	3
4	5	6	7	8	9	10
11	12	13	14	15	16	17
18	19	⑳	21	22	23	24
25	26	27	28	29	30	

12 ·DECEMBER·

mon	tue	wed	thu	fri	sat	sun
						1
2	3	4	5	6	⑦	8
9	10	11	12	13	14	15
16	17	18	19	20	21	22
23	24	25	26	27	28	29
30	31					

11/1　特別なスタートライン。新しいことを始められる。目新しいことが起こる。

11/4–2025/1/6　仕事や対外的な活動における「勝負」の時間。ガンガン挑戦して結果を出せる。外に出て闘える時。ここが「第一ラウンド」で、2025年4月から6月に「第二ラウンド」がある。

11/20　ここから2043年にかけて、ある場所や場に深く根を下ろすことになりそう。「これこそが自分のいるべき場所だ」と思える場所に出会える。

11/26–12/16　お金やモノに関して「戻ってくる」ものがある。失せ物が出てくる。損失を取り返せる。経済活動にまつわる混乱は、時間が解決してくれる。「棚卸し」のような作業も。

12/7–2025/1/3　家の中が愛に溢れる。暮らしが楽しく、ゆたかになる。家族や身近な人との関係が好転する。家で楽しめることが増える。外に出て熱く闘う中で、家に帰ると大きな安らぎに守られる。

2024年のプチ占い（天秤座～魚座）

天秤座（9/24-10/23生まれ）

出会いとギフトの年。自分では決して出会えないようなものを、色々な人から手渡される。チャンスを作ってもらえたり、素敵な人と繋げてもらえたりするかも。年の後半は大冒険と学びの時間に入る。

蠍座（10/24-11/22生まれ）

パートナーシップと人間関係の年。普段関わるメンバーが一変したり、他者との関わり方が大きく変わったりする。人と会う機会が増える。素晴らしい出会いに恵まれる。人から受け取るものが多い年。

射手座（11/23-12/21生まれ）

働き方や暮らし方を大きく変えることになるかも。健康上の問題を抱えていた人は、心身のコンディションが好転する可能性が。年の半ば以降は、出会いと関わりの時間に入る。パートナーを得る人も。

山羊座（12/22-1/20生まれ）

2008年頃からの「魔法」が解けるかも。執着やこだわり、妄念から解き放たれる。深い心の自由を得られる。年の前半は素晴らしい愛と創造の季節。楽しいことが目白押し。後半は新たな役割を得る人も。

水瓶座（1/21-2/19生まれ）

野心に火がつく。どうしても成し遂げたいことに出会えるかも。自分を縛ってきた鎖を粉砕するような試みができる。年の前半は新たな居場所を見つけられるかも。後半はキラキラの愛と創造の時間へ。

魚座（2/20-3/20生まれ）

コツコツ続けてきたことが、だんだんと形になる。理解者に恵まれ、あちこちから意外な助け船を出してもらえる年。年の半ばから約1年の中で、新しい家族が増えたり、新たな住処を見つけたりできる。

（※牡羊座～乙女座はP.30）

HOSHIORI

星のサイクル
海王星

✵ 海王星のサイクル

　現在魚座に滞在中の海王星は、2025年3月に牡羊座へと移動を開始し、2026年1月に移動を完了します。つまり今、私たちは2012年頃からの「魚座海王星時代」を後にし、新しい「牡羊座海王星時代」を目前にしているのです。海王星のサイクルは約165年ですから、一つの星座の海王星を体験できるのはいずれも、一生に一度です。海王星は幻想、理想、夢、無意識、音楽、映像、海、オイル、匂いなど、目に見えないもの、手で触れないものに関係の深い星です。現実と理想、事実と想像、生と死を、私たちは生活の中で厳密に分けていますが、たとえば詩や映画、音楽などの世界では、その境界線は極めて曖昧になります。さらに、日々の生活の中でもごくマレに、両者の境界線が消える瞬間があります。その時私たちは、人生の非常に重要な、ある意味危険な転機を迎えます。「精神のイニシエーション」をしばしば、私たちは海王星とともに過ごすのです。以下、来年からの新しい「牡羊座海王星時代」を、少し先取りして考えてみたいと思います。

◆○○○◆○○○◆○○○◆○○○◆○○○◆○○○◆○○○◆○○○◆○○○◆○○○◆○○

海王星のサイクル年表（詳しくは次のページへ）

時　期	蠍座のあなたにとってのテーマ
1928年-1943年	できるだけ美しい夢を描く
1942年-1957年	大スケールの「救い」のプロセス
1955年-1970年	コントロール不能な、精神的成長の過程
1970年-1984年	魂とお金の関係
1984年-1998年	価値観、世界観の精神的アップデート
1998年-2012年	居場所、水、清らかな感情
2011年-2026年	愛の救い、愛の夢
2025年-2039年	心の生活、セルフケアの重要性
2038年-2052年	「他者との関わり」という救い
2051年-2066年	経済活動が「大きく回る」時
2065年-2079年	精神の学び
2078年-2093年	人生の、真の精神的目的

※時期について／海王星は順行・逆行を繰り返すため、星座の境界線を
何度か往復してから移動を完了する。上記の表で、開始時は最初の移動の
タイミング、終了時は移動完了のタイミング。

◆○○○◆○○○◆○○○◆○○○◆○○○◆○○○◆○○○◆○○○◆○○○◆○○○◆○○

◆ 1928-1943年 できるだけ美しい夢を描く

人生で一番美しく、大きく、素敵な夢を描ける時です。その夢が実現するかどうかより、できるだけ素晴らしい夢を描くということ自体が重要です。夢を見たことがある人と、そうでない人では、人生観も大きく異なるからです。大きな夢を描き、希望を抱くことで、人生で最も大切な何かを手に入れられます。

◆ 1942-1957年 大スケールの「救い」のプロセス

あなたにとって「究極の望み」「一番最後の望み」があるとしたら、どんな望みでしょうか。「一つだけ願いを叶えてあげるよ」と言われたら、何を望むか。この命題に、新しい答えを見つけられます。「一つだけ叶う願い」は、あなたの心の救いとなり、さらに、あなたの大切な人を救う原動力ともなります。

◆ 1955-1970年 コントロール不能な、精神的成長の過程

「自分」が靄（もや）に包まれたように見えなくなり、アイデンティティを見失うことがあるかもしれません。意識的なコントロールや努力を離れたところで、人生の神髄に触れ、精神的な成長が深まります。この時期を終える頃、決して衰えることも傷つくこともない、素晴らしい人間的魅力が備わります。

◆ 1970-1984年 魂とお金の関係

経済活動は「計算」が基本です。ですがこの時期は不思議と「計算が合わない」傾向があります。世の経済活動の多くは、実際には「割り切れないこと」だらけです。こうした「1＋1＝2」にならない経済活動の秘密を見つめるための「心の力」が成長する時期です。魂とお金の関係の再構築が進みます。

◆ **1984-1998年　価値観、世界観の精神的アップデート**

誰もが自分のイマジネーションの世界を生きています。どんなに「目の前の現実」を生きているつもりでも、自分自身の思い込み、すなわち「世界観」の外には、出られないのです。そうした「世界観」の柱となるのが、価値観や思想です。そうした世界観、枠組みに、大スケールのアップデートが起こります。

◆ **1998-2012年　居場所、水、清らかな感情**

心の風景と実際の生活の場の風景を、時間をかけて「洗い上げる」ような時間です。家族や「身内」と呼べる人たちとの深い心の交流が生まれます。居場所や家族との関係の変容がそのまま、精神的成長に繋がります。物理的な居場所のメンテナンスが必要になる場合も。特に水回りの整備が重要な時です。

◆ **2011-2026年　愛の救い、愛の夢**

感受性がゆたかさを増し、才能と個性が外界に向かって大きく開かれて、素晴らしい創造性を発揮できる時です。人の心を揺さぶるもの、人を救うものなどを、あなたの活動によって生み出せます。誰もが心の中になんらかの痛みや傷を抱いていますが、そうした傷を愛の体験を通して「癒し合える」時です。

◆ **2025-2039年　心の生活、セルフケアの重要性**

できる限りワガママに「自分にとっての、真に理想と言える生活のしかた」を作ってゆく必要があります。自分の精神や「魂」が心底求めている暮らし方を、時間をかけて創造できます。もっともらしい精神論に惑わされて自分を見失わないで。他者にするのと同じくらい、自分自身をケアしたい時です。

◆ 2038-2052年 「他者との関わり」という救い

人から精神的な影響を受ける時期です。一対一での他者との関わりの中で、自分の考え方や価値観の独特な癖に気づかされ、さらに「救い」を得られます。相手が特に「救おう」というつもりがなくとも、その関係の深まり自体が救いとなるのです。人生を変えるような、大きな心の結びつきを紡ぐ時間です。

◆ 2051-2066年　経済活動が「大きく回る」時

「人のために、自分の持つ力を用いる」という意識を持つことと、「自分ではどうにもできないこと」をありのままに受け止めること。この二つのスタンスが、あなたを取り巻く経済活動を大きく活性化させます。無欲になればなるほど豊かさが増し、生活の流れが良くなるのです。性愛の夢を生きる人も。

◆ 2065-2079年　精神の学び

ここでの学びの目的は単に知識を得ることではなく、学びを通した精神的成長です。学びのプロセスは言わば「手段」です。「そんなことを学んで、なんの役に立つの？」と聞かれ、うまく答えられないようなことこそが、この時期真に学ぶべきテーマだからです。学びを通して、救いを得る人もいるはずです。

◆ 2078-2093年　人生の、真の精神的目的

仕事で大成功して「これはお金のためにやったのではない」と言う人がいます。「では、なんのためなのか」は、その人の精神に、答えがあります。この時期、あなたは自分の人生において真に目指せるものに出会うでしょう。あるいは、多くの人から賞賛されるような「名誉」を手にする人もいるはずです。

～先取り！ 2025年からのあなたの「海王星時代」～
心の生活、セルフケアの重要性

　たとえば、真に優れた作品を作り続ける芸術家は、自分らしい特別な暮らし方も創造します。生活のリズム、決まったルーティーン、他人から見れば奇妙な仕事のしかたであっても、自分の活動に最もフィットするやり方を掴んでいるのです。この時期のあなたもまた、できる限りワガママに「自分にとっての、真に理想と言える生活のしかた」を作ってゆく必要があります。自分の精神や「魂」と呼べるようなものが心底求めている暮らし方を、時間をかけて創造すべき時なのです。

　「完全に自分のためだけに生きている」という人は、そう多くはないだろうと思います。たとえ、病気で全く動けないような時でも、看護してくれる人に目配せをしたり、相手の疲れを気遣ったりすることがあるものではないでしょうか。私たちは無意識に周囲を気遣い、思いやりながら生きています。その結果、目に見えない疲労やストレスを心に溜め込み続けます。この時期は、たとえばそうした蓄積が原因の不調が起こりやすい傾向があります。ゆえに、自己過信や過剰な自

◆◇◇◇◆◇◇◇◆◇◇◇◆◇◇◇◆◇◇◇◆◇◇◇◆◇◇◇◆◇◇◇◆◇◇◇◆◇◇

己犠牲、「人のために」という強すぎる使命感に注意が
必要です。もっともらしい精神論に惑わされて自分を
見失わないように気をつける必要があります。他者に
するのと同じくらい、自分自身をケアしたい時です。

　雇用関係についての不安、自分は必要とされている
だろうかという不安が膨らむ時期でもあります。「幸せ
そうにしていたら、人から非難されるのではないか」
という思いから、苦労や苦痛を選び取ってしまう人も
います。依存的になる人もいれば、人が自分に盲従し
てくれているのだと信じ、とことん甘えてしまう人も
います。これらの問題は、「周囲と自分が、どのように
負担を分け合っていけば心地良く過ごせるか」がわか
らなくなっていることを示しています。「役割」が見失
われると、「暮らし」も見失われやすいのです。こうし
た問題を即、解決することは難しいかもしれません。た
だ、「疑いは疑いを呼ぶ」ことは、念頭に置きたいとこ
ろです。この時期大切なのは、「わからないことはわか
らないままにしておく」「できないことはあきらめる」
ということかもしれません。「悩まなくてもいいことは、
悩まない」ことが大事なのです。

◆◇◇◇◆◇◇◇◆◇◇◇◆◇◇◇◆◇◇◇◆◇◇◇◆◇◇◇◆◇◇◇◆◇◇◇◆◇◇

12星座プロフィール

蠍座のプロフィール
情熱の星座

I desire.

キャラクター

◆ 他者と「融合」する星座

　蠍座は、人生と人生が交わり、その境界線が融け合う交差点にあるような星座です。蠍座の人の多くが、誰か自分以外の人と、お互いの境目がわからなくなるほど深く融け合った経験を持ちます。この表現から性的なイメージを抱く人もいるかもしれませんが、私たちの「融合」は性的なものだけに留まりません。自分から決して切り離すことができないものや、自分の人生を根本から変えてしまったものなども、立派な「融合」の結果です。また、誰かが心血を注いで育てたものを受け継いだり、遺産を相続したりすることも、二つの人生の融合と言えるでしょう。ギブアンドテイクの「取引」のように、さらっと切り離してしまうことができない、「清算」してしまえない関わりが、蠍座の世界の「融合」なのです。

　二つの細胞が交われば、変容が起こります。中身を融け合わせてしまったら、そこからもとのように二つの存在に分離したとしても、お互いがすでに「もとどおり」ではあ

りません。蠍座の世界は、他者との交わりの結果起こる、変容の世界です。現代ではクローン技術が開発されていますが、私たち人間は今のところすべて、二つの細胞が融け合ったところに生まれています。そうした、生命の根源にある「融合」と「変容」が、蠍座のテーマなのです。

◆ 粘り強さ、誠実さ

　蠍座の人々はとても粘り強く、諦めることを知りません。人と関わるときにも、一度心を許したなら、相手がどんなことをしようと、その心情的結びつきを解くことはありません。蠍座の人々が一度「イエス」と言ったなら、そこには千鈞の重みがあります。簡単に物事を引き受けない代わりに、一度引き受けたら絶対に放り出さない態度は、自然、多くの人に信頼されます。

　蠍座の人々は「欲深い」とされますが、この「欲」は決して、利己的なものではないのです。どうかすると、誰か一人のために世界のすべてを望む、といった、限りない利他の欲望で溢れるのが、蠍座の人の心です。

　マネジメントの才に優れ、実務能力に富みます。不可能を可能にするような離れ業をやってのけることもあります。難しい問題も、厄介な集団も、しっかり「支配」してしまいます。強い魅力で人を惹きつけ、さらに信頼を勝ち得ま

す。戦うときは徹底的に戦い、時に、手段を選ばないような峻烈さを見せます。

◆ 魅力の源泉

　「セクシーな星座」と評されることも多い蠍座ですが、実際の蠍座の人々はとてもエレガントで、優雅です。決してだらしなく肌を露出したり、性的魅力を誇示したりすることはありません。むしろ、性的な魅力の危険性を熟知していて、それを丁寧に、優美に隠すことができるのです。

　人は「隠されたもの」に惹きつけられます。謎やミステリー、開かずの扉などが人の心を惹きつけるように、性的なものが丁寧に隠された状態にこそ、陶酔や興奮の引き金があるのです。蠍座の人々が人を魅了するのは、ミステリーとファンタジーを暗示する才能に恵まれているからです。

◆「真実」の危険を知り、それを扱う

　世の中には「隠されたもの」がたくさんあります。お金はお財布に入れますし、身体にも外に出るときは必ず隠しておかなければならない部位があります。死体は丁寧にくるまれ、棺桶に納められ、一般には見られない場所に隠されます。なぜそれらを隠さなければならないのか、と言えば、それらがあまりにも直接的な生命の真実だからです。そ

うした直截すぎる真実は、私たちを興奮させたり、不安にさせたり、精神的な危機に陥れたりします。社会的な建て前が隠しているもの、キレイゴトが隠しているもの、おおっぴらには言えないことなどもすべて、それらに不用意に触れるのは、危険なのです。蠍座は、そうした「危険をはらむからこそ、隠されているもの」の力を司る星座です。ゆえに、蠍座の人々は、真実の危険を楽々と扱います。たとえば、非常に大きな財を運用するとか、人のお金を管理するとか、生死や性をはらむ仕事をすることなどが上手なのです。「真実に触れる」という意味で、痛烈なブラックユーモアもまた、蠍座の世界のものです。

支配星・神話

◈ 蠍座の神話

　巨人オリオンは狩猟の名人で、自分の腕をいつも誇っていました。このオリオンの思い上がりに腹を立てた大地の女神ガイアは、蠍を放って、オリオンを刺し殺させました。自信満々の巨人も、「死」には、歯が立たなかったのです。

　蠍の神話はアルテミスにまつわるものや、太陽神ヘリオスと息子パエトンにまつわるものなどもありますが、いずれも蠍の毒による死の物語です。日常生活において「死」は忌み嫌われ、遠ざけられています。でも、「死」はあらゆ

るところにあって、私たちの「生」を支えています。たとえば、食事がそうです。たとえ肉食を避けても、植物の命をもらっていることは否定できません。一つの死は、他の生に繋がっています。

　蠍座の支配星は火星です。同じく火星に支配される、「生命力の星座」である牡羊座は「死からどこまでも逃げ出していく」星座です。一方、蠍座は死から逃げるのではなく、むしろ死を飲み込んで、それを生に繋げていく仕組みを担う、という意味で、やはり「生命力の星座」なのです。

蠍座の才能

　戦いの星・火星に支配された蠍座は、古来「優秀な軍人・勇敢な戦士」と関連付けられていました。同じく火星に支配された牡羊座の人々も「戦士・闘士」ですが、「勢い」の牡羊座に比べ、蠍座は「最後まで戦いをあきらめない」点にその特徴があります。どこまでも鋭い攻撃、無駄のない戦い方、劣勢でも途中で逃げ出すことなく、最後まで戦い切る姿勢。勝機を見る目、ピンチにも冷静に対応する才能、大きな戦略を練る才能。これらの力はすべて、人生の様々なイベント、キャリアや人間関係において、常に役立ちます。その一方で情愛がとことん深く、人を見捨てません。こうした点が強烈な魅力となって、人望を集めるのです。

牡羊座 はじまりの星座

I am.

素敵なところ

裏表がなく純粋で、自他を比較しません。明るく前向きで、正義感が強く、諍（いさ）いのあともさっぱりしています。欲しいものを欲しいと言える勇気、自己主張する勇気、誤りを認める勇気の持ち主です。

キーワード

勢い／勝負／果断／負けず嫌い／せっかち／能動的／スポーツ／ヒーロー・ヒロイン／華やかさ／アウトドア／草原／野生／丘陵／動物愛／議論好き／肯定的／帽子・頭部を飾るもの／スピード／赤

牡牛座 五感の星座

I have.

素敵なところ

感情が安定していて、態度に一貫性があります。知識や経験をたゆまずゆっくり、たくさん身につけます。穏やかでも不思議な存在感があり、周囲の人を安心させます。美意識が際立っています。

キーワード

感覚／色彩／快さ／リズム／マイペース／芸術／暢気（のんき）／贅沢／コレクション／一貫性／素直さと頑固さ／価値あるもの／美声・歌／料理／庭造り／変化を嫌う／積み重ね／エレガント／レモン色／白

双子座 知と言葉の星座

I think.

素敵なところ

イマジネーション能力が高く、言葉と物語を愛するユニークな人々です。フットワークが良く、センサーが敏感で、いくつになっても若々しく見えます。場の空気・状況を変える力を持っています。

キーワード

言葉／コミュニケーション／取引・ビジネス／相対性／比較／関連づけ／物語／比喩／移動／旅／ジャーナリズム／靴／天使・翼／小鳥／桜色／桃色／空色／文庫本／文房具／手紙

蟹座　感情の星座

I feel.

素敵なところ

心優しく、共感力が強く、人の世話をするときに手間を惜しみません。行動力に富み、人にあまり相談せずに大胆なアクションを起こすことがありますが、「聞けばちゃんと応えてくれる」人々です。

キーワード

感情／変化／月／守護・保護／日常生活／行動力／共感／安心／繰り返すこと／拒否／生活力／フルーツ／アーモンド／巣穴／胸部、乳房／乳白色／銀色／真珠

獅子座　意思の星座

I will.

素敵なところ

太陽のように肯定的で、安定感があります。深い自信を持っており、側にいる人を安心させることができます。人を頷かせる力、一目置かせる力、パワー感を持っています。内面には非常に繊細な部分も。

キーワード

強さ／クールさ／肯定的／安定感／ゴールド／背中／自己表現／演技／芸術／暖炉／広場／人の集まる賑やかな場所／劇場・舞台／お城／愛／子供／緋色／パープル／緑

乙女座　分析の星座

I analyze.

素敵なところ

一見クールに見えるのですが、とても優しく世話好きな人々です。他者に対する観察眼が鋭く、シャープな批評を口にしますが、その相手の変化や成長を心から喜べる、「教育者」の顔を持っています。

キーワード

感受性の鋭さ／「気が利く」人／世話好き／働き者／デザイン／コンサバティブ／胃腸／神経質／分析／調合／変化／回復の早さ／迷いやすさ／研究家／清潔／ブルーブラック／空色／桃色

天秤座　関わりの星座

I balance.

素敵なところ

高い知性に恵まれると同時に、人に対する深い愛を抱いています。視野が広く、客観性を重視し、細やかな気遣いができます。内側には熱い情熱を秘めていて、個性的なこだわりや競争心が強い面も。

キーワード

人間関係／客観視／合理性／比較対象／美／吟味／審美眼／評価／選択／平和／交渉／結婚／諍い／調停／パートナーシップ／契約／洗練／豪奢／黒／芥子色（からし）／深紅色／水色／薄い緑色／ベージュ

蠍座　情熱の星座

I desire.

素敵なところ

意志が強く、感情に一貫性があり、愛情深い人々です。一度愛したものはずっと長く愛し続けることができます。信頼に足る、芯の強さを持つ人です。粘り強く努力し、不可能を可能に変えます。

キーワード

融け合う心／継承／遺伝／魅力／支配／提供／共有／非常に古い記憶／放出／流動／隠されたもの／湖沼／果樹園／庭／葡萄酒／琥珀／茶色／濃い赤／カギつきの箱／ギフト

射手座　冒険の星座

I understand.

素敵なところ

冒険心に富む、オープンマインドの人々です。自他に対してごく肯定的で、恐れを知らぬ勇気と明るさで周囲を照らし出します。自分の信じるものに向かってまっすぐに生きる強さを持っています。

キーワード

冒険／挑戦／賭け／負けず嫌い／馬や牛など大きな動物／遠い外国／語学／宗教／理想／哲学／おおらかさ／自由／普遍性／スピードの出る乗り物／船／黄色／緑色／ターコイズブルー／グレー

山羊座　実現の星座

I use.

素敵なところ

夢を現実に変えることのできる人々です。自分個人の世界だけに収まる小さな夢ではなく、世の中を変えるような、大きな夢を叶えることができる力を持っています。優しく力強く、芸術的な人です。

キーワード

城を築く／行動力／実現／責任感／守備／権力／支配者／組織／芸術／伝統／骨董品／彫刻／寺院／華やかな色彩／ゴージャス／大きな楽器／黒／焦げ茶色／薄い茜色／深緑

水瓶座　思考と自由の星座

I know.

素敵なところ

自分の頭でゼロから考えようとする、澄んだ思考の持ち主です。友情に篤く、損得抜きで人と関わろうとする、静かな情熱を秘めています。ユニークなアイデアを実行に移すときは無二の輝きを放ちます。

キーワード

自由／友情／公平・平等／時代の流れ／流行／メカニズム／合理性／ユニセックス／神秘的／宇宙／飛行機／通信技術／電気／メタリック／スカイブルー／チェック、ストライプ

魚座　透明な心の星座

I believe.

素敵なところ

人と人とを分ける境界線を、自由自在に越えていく不思議な力の持ち主です。人の心にするりと入り込み、相手を支え慰めることができます。場や世界を包み込むような大きな心を持っています。

キーワード

変容／変身／愛／海／救済／犠牲／崇高／聖なるもの／無制限／変幻自在／天衣無縫／幻想／瞑想／蠱惑／エキゾチック／ミステリアス／シースルー／黎明／白／ターコイズブルー／マリンブルー

HOSHIORI

用語解説

星の逆行

　星占いで用いる星々のうち、太陽と月以外の惑星と冥王星は、しばしば「逆行」します。これは、星が実際に軌道を逆走するのではなく、あくまで「地球からそう見える」ということです。

　たとえば同じ方向に向かう特急電車が普通電車を追い抜くとき、相手が後退しているように見えます。「星の逆行」は、この現象に似ています。地球も他の惑星と同様、太陽のまわりをぐるぐる回っています。ゆえに一方がもう一方を追い抜くとき、あるいは太陽の向こう側に回ったときに、相手が「逆走している」ように見えるのです。

　星占いの世界では、星が逆行するとき、その星の担うテーマにおいて停滞や混乱、イレギュラーなことが起こる、と解釈されることが一般的です。ただし、この「イレギュラー」は「不運・望ましくない展開」なのかというと、そうではありません。

　私たちは自分なりの推測や想像に基づいて未来の計画を立て、無意識に期待し、「次に起こること」を待ち受けます。その「待ち受けている」場所に思い通りのボールが飛んでこなかったとき、苛立ちや焦り、不安などを感じます。でも、そのこと自体が「悪いこと」かというと、決してそうではないはずです。なぜなら、人間の推測や想像には、限界があるか

らです。推測通りにならないことと、「不運」はまったく別の
ことです。

　星の逆行時は、私たちの推測や計画と、実際に巡ってくる
未来とが「噛み合いにくい」ときと言えます。ゆえに、現実
に起こる出来事全体が、言わば「ガイド役・導き手」となり
ます。目の前に起こる出来事に導いてもらうような形で先に
進み、いつしか、自分の想像力では辿り着けなかった場所に
「つれていってもらえる」わけです。

　水星の逆行は年に三度ほど、一回につき3週間程度で起こ
ります。金星は約1年半ごと、火星は2年に一度ほど、他の
星は毎年太陽の反対側に回る数ヵ月、それぞれ逆行します。

　たとえば水星逆行時は、以下のようなことが言われます。

◆ 失せ物が出てくる／この時期なくしたものはあとで出てくる
◆ 旧友と再会できる
◆ 交通、コミュニケーションが混乱する
◆ 予定の変更、物事の停滞、遅延、やり直しが発生する

　これらは「悪いこと」ではなく、無意識に通り過ぎてしま
った場所に忘れ物を取りに行くような、あるいは、トンネル
を通って山の向こうへ出るような動きです。掛け違えたボタ
ンを外してはめ直すようなことができる時間なのです。

ボイドタイム―月のボイド・オブ・コース

　ボイドタイムとは、正式には「月のボイド・オブ・コース」
となります。実は、月以外の星にもボイドはあるのですが、月
のボイドタイムは3日に一度という頻度で巡ってくるので、
最も親しみやすい（？）時間と言えます。ボイドタイムの定
義は「その星が今いる星座を出るまで、他の星とアスペクト
（特別な角度）を結ばない時間帯」です。詳しくは占星術の教
科書などをあたってみて下さい。

　月のボイドタイムには、一般に、以下のようなことが言わ
れています。

　　◆予定していたことが起こらない／想定外のことが起こる

　　◆ボイドタイムに着手したことは無効になる

　　◆期待通りの結果にならない

　　◆ここでの心配事はあまり意味がない

　　◆取り越し苦労をしやすい

　　◆衝動買いをしやすい

　　◆この時間に占いをしても、無効になる。意味がない

　ボイドをとても嫌う人も少なくないのですが、これらをよ
く見ると、「悪いことが起こる」時間ではなく、「あまりいろ
いろ気にしなくてもいい時間」と思えないでしょうか。

とはいえ、たとえば大事な手術や面接、会議などがこの時間帯に重なっていると「予定を変更したほうがいいかな？」という気持ちになる人もいると思います。

　この件では、占い手によっても様々に意見が分かれます。その人の人生観や世界観によって、解釈が変わり得る要素だと思います。

　以下は私の意見なのですが、大事な予定があって、そこにボイドや逆行が重なっていても、私自身はまったく気にしません。

　では、ボイドタイムは何の役に立つのでしょうか。一番役に立つのは「ボイドの終わる時間」です。ボイド終了時間は、星が星座から星座へ、ハウスからハウスへ移動する瞬間です。つまり、ここから新しい時間が始まるのです。

　たとえば、何かうまくいかないことがあったなら、「366日のカレンダー」を見て、ボイドタイムを確認します。もしボイドだったら、ボイド終了後に、物事が好転するかもしれません。待っているものが来るかもしれません。辛い待ち時間や気持ちの落ち込んだ時間は、決して「永遠」ではないのです。

　本書では月の位置している星座から、自分にとっての「ハウス」を読み取り、毎日の「月のテーマ」を紹介しています。ですが月にはもう一つの「時計」としての機能があります。それは、「満ち欠け」です。

　月は1ヵ月弱のサイクルで満ち欠けを繰り返します。夕方に月がふと目に入るのは、新月から満月へと月が膨らんでいく時間です。満月から新月へと月が欠けていく時間は、月が夜遅くから明け方でないと姿を現さなくなります。

　夕方に月が見える・膨らんでいく時間は「明るい月の時間」で、物事も発展的に成長・拡大していくと考えられています。一方、月がなかなか出てこない・欠けていく時間は「暗い月の時間」で、物事が縮小・凝縮していく時間となります。

　これらのことはもちろん、科学的な裏付けがあるわけではなく、あくまで「古くからの言い伝え」に近いものです。

　新月と満月のサイクルは「時間の死と再生のサイクル」です。このサイクルは、植物が繁茂しては枯れ、種によって子孫を残す、というイメージに重なります。「死」は本当の「死」ではなく、種や球根が一見眠っているように見える、その状態を意味します。

　そんな月の時間のイメージを、図にしてみました。

【新月】
種蒔き

芽が出る、新しいことを始める、目標を決める、新品を下ろす、髪を切る、悪癖をやめる、コスメなど、古いものを新しいものに替える

【上弦】
成長

勢い良く成長していく、物事を付け加える、増やす、広げる、決定していく、少し一本調子になりがち

【満月】
開花、
結実

達成、到達、充実、種の拡散、実を収穫する、人間関係の拡大、ロングスパンでの計画、このタイミングにゴールや〆切を設定しておく

【下弦】
貯蔵、
配分

加工、貯蔵、未来を見越した作業、不要品の処分、故障したものの修理、古物の再利用を考える、蒔くべき種の選別、ダイエット開始、新月の直前、材木を切り出す

【新月】
次の
種蒔き

新しい始まり、仕切り直し、軌道修正、過去とは違った選択、変更

以下、月のフェーズを六つに分けて説明してみます。

● 新月　New moon

「スタート」です。時間がリセットされ、新しい時間が始まる！というイメージのタイミングです。この日を境に悩みや迷いから抜け出せる人も多いようです。とはいえ新月の当日は、気持ちが少し不安定になる、という人もいるようです。細い針のような月が姿を現す頃には、フレッシュで爽やかな気持ちになれるはずです。日食は「特別な新月」で、1年に二度ほど起こります。ロングスパンでの「始まり」のときです。

◑ 三日月〜◐ 上弦の月　Waxing crescent - First quarter moon

ほっそりした月が半月に向かうに従って、春の草花が生き生きと繁茂するように、物事が勢い良く成長・拡大していきます。大きく育てたいものをどんどん仕込んでいけるときです。

◐ 十三夜月〜小望月（こもちづき）　Waxing gibbous moon

少量の水より、大量の水を運ぶときのほうが慎重さを必要とします。それにも似て、この時期は物事が「完成形」に近づき、細かい目配りや粘り強さ、慎重さが必要になるようです。一歩一歩確かめながら、満月というゴールに向かいます。

◯ 満月　Full moon

新月からおよそ2週間、物事がピークに達するタイミングです。文字通り「満ちる」ときで、「満を持して」実行に移せることもあるでしょう。大事なイベントが満月の日に計画されている、ということもよくあります。意識してそうしたのでなくとも、関係者の予定を繰り合わせたところ、自然と満月前後に物事のゴールが置かれることがあるのです。

月食は「特別な満月」で、半年から1年といったロングスパンでの「到達点」です。長期的なプロセスにおける「折り返し地点」のような出来事が起こりやすいときです。

◑ 十六夜の月〜寝待月　Waning gibbous moon

樹木の苗や球根を植えたい時期です。時間をかけて育てていくようなテーマが、ここでスタートさせやすいのです。また、細くなっていく月に擬えて、ダイエットを始めるのにも良い、とも言われます。植物が種をできるだけ広くまき散らそうとするように、人間関係が広がるのもこの時期です。

◐ 下弦の月〜 ◑ 二十六夜月　Last quarter - Waning crescent moon

秋から冬に球根が力を蓄えるように、ここでは「成熟」がテーマとなります。物事を手の中にしっかり掌握し、力をためつつ「次」を見据えてゆっくり動くときです。いたずらに物珍しいことに踊らされない、どっしりした姿勢が似合います。

◆ 太陽星座早見表　蠍座

（1930〜2025年／日本時間）

太陽が蠍座に滞在する時間帯を下記の表にまとめました。
これより前は天秤座、これより後は射手座ということになります。

生まれた年	期　間	生まれた年	期　間
1930	10/24 12:26 ～ 11/23　9:33	1954	10/24　7:56 ～ 11/23　5:13
1931	10/24 18:16 ～ 11/23 15:24	1955	10/24 13:43 ～ 11/23 11:00
1932	10/24　0:04 ～ 11/22 21:09	1956	10/23 19:34 ～ 11/22 16:49
1933	10/24　5:48 ～ 11/23　2:52	1957	10/24　1:24 ～ 11/22 22:38
1934	10/24 11:36 ～ 11/23　8:43	1958	10/24　7:11 ～ 11/23　4:28
1935	10/24 17:29 ～ 11/23 14:34	1959	10/24 13:11 ～ 11/23 10:26
1936	10/23 23:18 ～ 11/22 20:24	1960	10/23 19:02 ～ 11/22 16:17
1937	10/24　5:07 ～ 11/23　2:16	1961	10/24　0:47 ～ 11/22 22:07
1938	10/24 10:54 ～ 11/23　8:05	1962	10/24　6:40 ～ 11/23　4:01
1939	10/24 16:46 ～ 11/23 13:58	1963	10/24 12:29 ～ 11/23　9:48
1940	10/24 22:39 ～ 11/22 19:48	1964	10/23 18:21 ～ 11/22 15:38
1941	10/24　4:27 ～ 11/23　1:37	1965	10/24　0:10 ～ 11/22 21:28
1942	10/24 10:15 ～ 11/23　7:29	1966	10/24　5:51 ～ 11/23　3:13
1943	10/24 16:08 ～ 11/23 13:21	1967	10/24 11:44 ～ 11/23　9:03
1944	10/23 21:56 ～ 11/22 19:07	1968	10/24 17:30 ～ 11/23 14:48
1945	10/24　3:44 ～ 11/23　0:54	1969	10/23 23:11 ～ 11/22 20:30
1946	10/24　9:35 ～ 11/23　6:45	1970	10/24　5:04 ～ 11/23　2:24
1947	10/24 15:26 ～ 11/23 12:37	1971	10/24 10:53 ～ 11/23　8:13
1948	10/23 21:18 ～ 11/22 18:28	1972	10/23 16:41 ～ 11/22 14:02
1949	10/24　3:03 ～ 11/23　0:15	1973	10/23 22:30 ～ 11/22 19:53
1950	10/24　8:45 ～ 11/23　6:02	1974	10/24　4:11 ～ 11/23　1:37
1951	10/24 14:36 ～ 11/23 11:50	1975	10/24 10:06 ～ 11/23　7:30
1952	10/23 20:22 ～ 11/22 17:35	1976	10/23 15:58 ～ 11/22 13:21
1953	10/24　2:06 ～ 11/22 23:21	1977	10/23 21:41 ～ 11/22 19:06

生まれた年	期　　間
1978	10/24　3:37　～　11/23　1:04
1979	10/24　9:28　～　11/23　6:53
1980	10/23 15:18　～　11/22 12:40
1981	10/23 21:13　～　11/22 18:35
1982	10/24　2:58　～　11/23　0:22
1983	10/24　8:54　～　11/23　6:17
1984	10/23 14:46　～　11/22 12:10
1985	10/23 20:22　～　11/22 17:50
1986	10/24　2:14　～　11/22 23:43
1987	10/24　8:01　～　11/23　5:28
1988	10/23 13:44　～　11/22 11:11
1989	10/23 19:35　～　11/22 17:04
1990	10/24　1:14　～　11/22 22:46
1991	10/24　7:05　～　11/23　4:35
1992	10/23 12:57　～　11/22 10:25
1993	10/23 18:37　～　11/22 16:06
1994	10/24　0:36　～　11/22 22:05
1995	10/24　6:32　～　11/23　4:00
1996	10/23 12:19　～　11/22　9:48
1997	10/23 18:15　～　11/22 15:47
1998	10/23 23:59　～　11/22 21:33
1999	10/24　5:52　～　11/23　3:24
2000	10/23 11:47　～　11/22　9:18
2001	10/23 17:27　～　11/22 15:01

生まれた年	期　　間
2002	10/23 23:19　～　11/22 20:54
2003	10/24　5:10　～　11/23　2:43
2004	10/23 10:50　～　11/22　8:22
2005	10/23 16:43　～　11/22 14:15
2006	10/23 22:28　～　11/22 20:02
2007	10/24　4:16　～　11/23　1:50
2008	10/23 10:10　～　11/22　7:44
2009	10/23 15:45　～　11/22 13:23
2010	10/23 21:36　～　11/22 19:15
2011	10/24　3:31　～　11/23　1:08
2012	10/23　9:15　～　11/22　6:50
2013	10/23 15:11　～　11/22 12:48
2014	10/23 20:58　～　11/22 18:38
2015	10/24　2:48　～　11/23　0:25
2016	10/23　8:47　～　11/22　6:23
2017	10/23 14:28　～　11/22 12:05
2018	10/23 20:24　～　11/22 18:02
2019	10/24　2:21　～　11/22 23:58
2020	10/23　8:01　～　11/22　5:40
2021	10/23 13:52　～　11/22 11:34
2022	10/23 19:36　～　11/22 17:20
2023	10/24　1:21　～　11/22 23:02
2024	10/23　7:15　～　11/22　4:56
2025	10/23 12:51　～　11/22 10:35

おわりに

　年次版の文庫サイズ『星栞』は、本書でシリーズ5作目となりました。昨年の「スイーツ」をモチーフにした12冊はそのかわいらしさから多くの方に手に取って頂き、とても嬉しかったです。ありがとうございます！

　そして2024年版の表紙イラストは、一見して「何のテーマ？？？」となった方も少なくないかと思うのですが、実は「ペアになっているもの」で揃えてみました（！）。2024年の星の動きの「軸」の一つが、木星の牡牛座から双子座への移動です。双子座と言えば「ペア」なので、双子のようなものやペアでしか使わないようなものを、表紙のモチーフとして頂いたのです。柿崎サラさんに、とてもかわいくスタイリッシュな雰囲気に描いて頂けて、みなさんに手に取って頂くのがとても楽しみです。

　星占いの12星座には「ダブルボディーズ・サイン」と呼ばれる星座があります。すなわち、双子座、乙女座、射手座、魚座です。双子座は双子、魚座は「双魚宮」で2体です。メソポタミア時代の古い星座絵には、乙女座付近に複数の乙女が描かれています。そして、射手座は上半身が人

間、下半身が馬という、別の意味での「ダブルボディ」となっています。「ダブルボディーズ・サイン」は、季節の変わり目を担当する星座です。「三寒四温」のように行きつ戻りつしながら物事が変化していく、その複雑な時間を象徴しているのです。私たちも、様々な「ダブルボディ」を生きているところがあるように思います。職場と家では別の顔を持っていたり、本音と建前が違ったり、過去の自分と今の自分は全く違う価値観を生きていたりします。こうした「違い」を「八方美人」「ブレている」などと否定する向きもありますが、むしろ、色々な自分を生きることこそが、自由な人生、と言えないでしょうか。2024年は「自分」のバリエーションを増やしていくような、それによって心が解放されていくような時間となるのかもしれません。

星栞 2024年の星占い
蠍座

2023年 9 月 30 日　第 1 刷発行
2023年 12 月 10 日　第 2 刷発行

著者　　石井ゆかり

発行人　石原正康
発行元　株式会社 幻冬舎コミックス
　　　　〒151-0051 東京都渋谷区千駄ヶ谷4-9-7
　　　　電話 03-5411-6431 (編集)
発売元　株式会社 幻冬舎
　　　　〒151-0051 東京都渋谷区千駄ヶ谷4-9-7
　　　　電話 03-5411-6222 (営業)
　　　　振替 00120-8-767643

印刷・製本所：株式会社 光邦
デザイン：竹田麻衣子 (Lim)
DTP：株式会社 森の印刷屋、安居大輔 (Dデザイン)
STAFF：齋藤至代 (幻冬舎コミックス)、
　　　　佐藤映湖・滝澤 航 (オーキャン)、三森定史
装画：柿崎サラ